神への便り

山下 慶子
Keiko Yamashita

文芸社

まえがき

霊なる神とは、天地創造の神のことであり、この霊なる神と人間との関わりを語ろうとしたら、とうていここに書ききれるものではありません。詳しくは、前著『預言の書』に書きましたので、どうぞそちらをお読みください。

前著ですべてを書き終えた、と思いましたが、まだ語りたいこと、書きたいことが山のようにあって、現在、前著の編集作業中ではありますが、再びペンを取り、これを書いた次第です。

一行でも人々に何かを与えることができますならば、それは私の無上の喜びであり、書く甲斐あることであり、私にとって成功と言えるものであります。本書は三十二年かかってやっと出版の運びとなりました『預言の書』の続編とわたくしは思っております。

文芸社のスタッフに、心から感謝申し上げます。

目次

聖書の文章は『新約聖書』（フェデリコ・バルバロ訳、講談社）から引用している。

神への便り

拝啓、霊なる神様へ
三十二年目にして、やっとあなた様にお便りを差し上げられる状況と相成りました。抑えていたものが溢れ出さんばかりに聞いていただきたいこと、人様には決して言えない愚痴、不満。とてもとても、人間同士では愚痴や不平、不満など、決して言えたものではございません。お互いに不愉快になり、何の利益も生まず、さらにそれらが大きく膨らむことは、わたくしの経験上、熟知いたしております。

「いやだ、いやだ、こんな世界はもういやだ！」

いつもはおだやかで、笑顔を絶やさず、温和な性格と見られておりますわたくしめが、季節のごあいさつも申し上げず、突然このようなことを言いますと、「何だ、何だ、一体どうしたというのじゃ」とさぞかし驚かれることと思います。

一般的に人様にお手紙を差し上げる場合は、「お元気でいらっしゃいますか」とか、

「春の候となりました」とかおだやかな書き出しにするのが常識でございます。

失礼のないように、わたくしもそうさせていただきます。

「あー、いやだいやだ、こんな日本はいやだ！」


前略、失礼させていただきます。

昨年（二〇一〇年）の夏は、それはそれはもう異常に暑い夏でございました。かつて味わったことのない暑さで、この日本でも熱中症で千数百人もの人が亡くなるという異常事態でありました。

今日までわたくしは、黙示録のヨハネが一体何を書いているのかまったくチンプンカンプンで、内容を理解できずに過ごしてまいりました。ところがそこに恐るべきことが書かれていることを、わたくしはつい最近発見いたしました。それはもう並の驚きではありませんでした。

ヨハネの黙示録　第16章1節

私は、神殿から大きな声が出て七位の天使に「神の怒りの七つの盃を地上に注ぎに行け！」と言うのを聞いた。第一の天使が行ってその盃を地上に注いだ。すると獣のしるしをもちその像を礼拝する人々に、苦しい悪性の腫物《しゅもつ》ができた。

二千年も前に、今現在のことを予言し、二人に一人がガンにかかるともいわれる、苦しい悪性の腫物《しゅもつ》、ガンのまん延を、ヨハネは予言しているではありませんか。まだ現代を予言したたくさんのものがあります。

ヨハネの黙示録　第16章8節

第四の天使がその盃を太陽に注ぐと、太陽は熱で人間を焼くことを許された。こうして人間は非常な熱に焼かれた。

彼らは災害を思いのままに使う神の御名を冒涜《ぼうとく》し、改心して神に光栄を帰そうとしなかった。

第五の天使がその盃を獣の座の上に注ぐと、獣の国は暗くなり、その部下は苦しみのあまり舌をかみ、その苦しみと腫物《しゅもつ》のために天の神を冒涜し、自分たちの行ないを改めようとしなかった。


何ということでありましょう。二千年も前にヨハネは、人間が太陽に焼かれることを知っていたのです。では今年の夏は一体どんな夏になるのでありましょう。昨年はこの日本で太陽の熱に焼かれ千数百名が死に、その前は年中涼しい国で、クーラーなどあまり普及していないフランスで数百人の人が太陽に焼かれ、熱中症で死にました。

「いやだいやだ、こんな地球はいやだ！」


幸なのか、不幸なのか、霊なる神よ、「愛の神」から今「裁きの神」へと変わられた霊なる神よ、あなたは私にその暗くなる獣の国がどの国であるかを教えられました。

「いやだ！　いやだ！　こんな国に住むのはもう私はいやだ〜〜〜」

恐ろしいヨハネの予言はまだ続きます。

ヨハネの黙示録　第16章16節

さて三つの霊は、ヘブライ語でハルマゲドンと言われる所に王たちを集めた。第七の天使がその盃を空中に注ぐと、玉座から出る大きな声が神殿から響き、「事は終った」と言った。

それから、稲妻、声、雷鳴が起こり、大きな地震があった。地上に人間が住んで以来、これほどの大地震が起こったことはなかった。大きな町は三つに裂かれ、異邦人の町々は倒れた。そして神はその御怒りのぶどう酒の盃を授けるために大バビロンを思い出された。すべての島は逃げ、山はもう見えなかった。そして一タレントほどの重さの雹《ひょう》が天から人々の上に降り、人々は雹《ひょう》の災害のために神を冒涜《ぼうとく》した。その災害が非常に大きかったからである。

なんと最近になり、かつて見たこともないこともない巨大地震が世界のあちこちで起こり始め、中国では一瞬にして数十万の人が建物や土砂の下敷きになり死に、日本では巨大地震（阪神淡路大震災）により、六千数百の人が一瞬にして亡くなり、二〇一一年三月十一日には前古未曽有《ぜんこみぞう》の大災害がこの日本を襲いました。なぜこのようなことがこの日本で起きたのか、は次の著書『神からの伝言』に詳しく書きました。また、車のフロントガラスを突き破り、窓ガラスが粉々に砕けるほどの大きな雹《ひょう》が、世界中のあちこちで降り始めました。

アメリカでは最近四、五個の竜巻が一気に来て巨大竜巻となり、四十数名が亡くなったとのことです。そのとき、バスケットボール大の雹が降ったとテレビのニュースが伝えていました。その後も巨大竜巻がアメリカのあちこちで起き、あちこちで雹が降り、死者も百名を越えました。

中国の巨大地震の後、もうこのときの死者は数十万人、行方不明者もまた数十万人に達し、避難していた建物の巨大な裏山が、恐ろしいごう音と地響きがしたかと思うと、一瞬にして自分の目の前で崩れ、消えてなくなった、とかろうじて避難所を離れていて助かった中国の人が震えながらそのときの話をインタビューで語っていました。自分の身内も子供も親も、山のふもとの避難所にいたため、埋まってしまって、もうどうすることもできなかった、と。

黙示録のヨハネが、「彼らは災害を思いのままに使う神の御名を冒涜《ぼうとく》し、改心して神に光栄を帰そうとしなかった」と言うように、かつて見たことも聞いたこともない巨大地震や巨大津波を起こし、一瞬のうちに山を消し、改心しない人類を滅ぼすために、今、この日本にイエス・キリストが再臨した、と三十二年間も訴え続けたのに、誰一人信じる者などおりませんでした。災害を自由に操るイエス・キリストを今、あなたは地上に送られました。

もっと激しく、もっと巨大な災害が、人類を襲うことでありましょう。

霊なる神よ、今あなたはそのために、イエス・キリストを地上に遣わされたのですから。イエスの再臨は、どの国でもよかったのでありましょうが、この日本という国にイエスを降ろされました。

その意味は、悟るに遅いわたくしでありますが、よく理解しております。すべて、霊なる神よ、すべてのことをあなたは私に教えられましたから。ええ、わかっております。

大バビロンがどの国を指すのか、それが何によって、どのようにして崩壊していくのか、日本がどの国によってズタズタに壊され、二度と立ち上がることのないところまで破壊されるのか、霊なる神よ、わたくしはあなたにすべてを教えられ、そのすべてをわかっております。

その集大成ともいえる原稿が、今一つの出版社によって、本になりつつあるところです。はい、わかっております。教えられたことのすべてを漏れなく書きました。大丈夫です。「国立国会図書館」という所に永久保存してくれるそうです。

ここまで来るのに、実に三十二年という歳月を要しました。どれほど信じてもらえなかろうが、どれほど出版社から蹴られ続けようが、あなたから与えられた使命と思えばこそ、何があろうと、何が起ころうと、あなたに対する揺るぎない信が、私に三十二年間も耐えさせてくれました。もう最後は身も心もボロボロでありましたが。そしてありがたいことに、私の言うことが正しいことを黙示録のヨハネがしっかりと証明してくれました。それもひとえに、霊なる神よ、あなたのおかげです。

何しろ、黙示録のヨハネが一体何を言っているのかさっぱり理解できず、ましてやキリスト教徒でもない無宗教のわたくしが、それほど真剣に聖書を読むはずもなく、チンプンカンプンでわけのわからない黙示録など今までは放っておりました。

「よく読みなさい。時は近づいたぞ。ヨハネの黙示録をよく読むのじゃ。そのように毛嫌いしておらず、よく読んでみなさい。時は近づいたぞ。黙示録を読むのじゃ」

あなたのこの言葉がなかったら、私の言うことの証明者は、この地球上にただの一人もいなかった。黙示録のヨハネという唯一の、そして強力な証明者を得て、彼をひっさげて、私は今、自信に満ち溢《あふ》れています。

このようなことを言った後に、次のようなことを言いますのは、非常に心苦しいことでございますが……。こういう状況を評《ひょう》して日本語では「舌の根も乾《かわ》かぬうちに」

という言葉があるようでございますが、何かひどく叱られているようなニュアンスで、怖いので、わたくしは一生この言葉は使うまいと思います。

で、そんなことを言っておきながら、とても申し上げづらいのです。

編集作業が始まったばかりの頃、編集者のTさんから「このようなやり方で進めていってもよろしいでしょうか？」と最初の部分、五、六枚が送られてきました。

電話とその用紙とのやりとりの中で、「紀元何年とか、ストア派哲学の第一人者とか、えらく詳しく書いておられますので、Tさんその本持っていらっしゃるのではありませんか？　私は本がないのでコピーができないのですが」「え？　それはあなたが書かれているのですよ。私は書かれていることに沿ってやっているだけです！」

「えっ！」

原始について互いに譲《ゆず》らず、互いに真剣に、「だから、原始の下に点を打てば通じるでしょ！　原始キリスト教という言葉は使い古されていて私は嫌いなんです、その言葉は」

Tさんは、「人の名前の上に原始とはつけません」「だーから、原始の下に点をつければそれで通じるでしょ！」「この原始は人を指すのですか？　それとも背景？」「今とはまったく違う、まだキリスト教という名前さえなかったころのことを指して、原始と呼ぶのです」「原始イエス・キリストとその弟子たち、イエス・キリストという人の名前の上に原始をつけるのはおかしい。これはおかしいです！」「だから、原始の下に点を打てばいいでしょ！　Tさん、そこはあなたが書いておられるんでしょ？」「何をおっしゃいますか、あなたが書いておられるんですよ！」「えっ？　私はあなたが書かれた所だとばかり思っていました。すみません、私自分が何を書いたのか覚えていないんです」

まだ書き終えて三ヶ月も経っていないのに、自分が何を書いたのか忘れ果てている自分に驚きましたが、編集が始まったばかりの最初の五、六枚さえ覚えていないなど、Tさんもおそらくあきれ果て、驚かれているに相違ありません。私はその五、六枚に書かれていることを夢中になって、我を忘れて読みましたので、「非常におもしろかったです、もっと早く次が読みたいと思いました」と申し上げますと、「出だしからそうですよね、私も楽しみながらやらせていただいています」と言われましたが、よく考えますと、わたくしのこういう言い方も何か変、と自分で思いました。霊なる神様。正直に申し上げます。まだ三ヶ月も経っていないというのに、わたくしはほんとうに自分が何を書いたのか覚えていないのです。十のうち、三ぐらいしか覚えておりません。忘れる、という努力をしながら生きてまいりますうちに、忘れてはいけないことまですぐに忘れる、という癖《へき》が身についてしまっているような気がいたします。しかし、どうぞご安心くださいませ。大切なことは決して忘れてはおりません。十のうち七は忘れていても、あとの三だけは決して忘れてはおりません。

キリスト教徒の選民意識

昔の予言者は、ストレートに予言をするのではなく、暗号化、もしくは一行詩、あるいは国を龍《りゅう》や海から現れる怪物等々にたとえ、決してストレートな予言はしませんでした。ノストラダムスしかり、聖マラキの予言しかり、黙示録のヨハネの予言しかり。

しかしその予言とは、あなたから出たものであり、イエス・キリストは二千年も前に、「主よ、終わりはいつ来ますか」とたずねられたとき、「この私の語る福音が、全世界へ宣べ伝えられるとき、そのとき終わりは来る」と、そう弟子たちに答えました。

二千年前のあの当時、まだ三十三歳の若き青年の言うことが、しかも同じユダヤ人の民から十字架で殺されてしまった者の言うことが、しかも、わずか十二人の弟子の他、誰一人もいなかったというのに、それが現実のものになろうなどと、一体誰が思ったでしょう。十二人の弟子さえ、イエスのその言葉の意味を理解した者は一人もいませんでした。預言者とは孤独なものですね。あなたに選ばれし者とは、真の預言者とは、なんと孤独な存在でありましょう。

嘲笑され、足蹴《あしげ》にされ、こづき回され、つばを吐きかけられ、ムチで打たれ、さんざん嘲弄されたあげく、自分がかけられる十字架を背負わされ、あまりの重さによろけ、倒れそうになるとさっさと歩け！　とムチで打たれ、あの十字架を背負い、ゴルゴダの丘へと登る間、イエスは何を思ったでしょうか。自分がかついで登った十字架に、両手両足を釘で打ち刺され、脇腹を槍で突き抜かれ、血と胆汁を流してイエスは人間に殺されました。

同じユダヤ人であるユダヤの民は、「殺せ！　殺せ！　その男を殺せ！　その男を殺す罪は、我々と我々の子孫に降りかかってもよい!!」と叫びながら、イエスが殺されるのを喜び勇んで、イエスが完全に死に絶えるまで見守り続けました。

この日本にイエスが再臨したとき、二千年前のユダヤの民の言葉は成就し、ヒットラーによってそれは完全に成就されました。わずか十二人の弟子から始まったイエスの福音は、もはやこの日本という国にまで宣べ伝えられ、たくさんのキリスト教会が建てられ、世界中、イエス・キリストの名を知らぬ者はいなくなりました。

わたくしの言いたいことは、二千年前、そのような仕打ちをしておきながら、イエスを、キリスト、つまり救世主と呼び（キリストとは救世主という意味です）、イエス・キリストの名を軽々しく呼び、特にこの日本において、キリスト教の人々は選者意識を持っているようだということです。私が見てきた限り、日本人のキリスト信者は特権意識、特別意識、一般の人々と私たちはあるいは自分は違うという、決して言葉には出さないけれど、まぎれもなく選民意識を持っているように思えるのです。彼らのこの選民または選人意識ほど私に不快を与えるものはありません。あまりの不快にわたくしは鳥肌が立ちます。

この地球上に、イエスをキリスト、救世主と呼ぶ資格のある者が、一体どれほどいるのでしょうか。私は地球上で、イエスをキリストと呼べる者は、ほんの一握りしかいないと思っております。

以来予言者は殺されないために、黙示録のヨハネのように、あるいは聖マラキのように、あのわけのわからない言葉を使いながら、しかしはっきりと、黙示録第一章に「イエス・キリストの啓示。これはすみやかに起こるであろうことをその下僕《しもべ》たちに示すために、神がキリストにまかせ、キリストはまたその天使を送って下僕ヨハネに告げられたものである。ヨハネは自分の見たことをすべて神の御《み》言葉として、イエス・キリストの証《あかし》として証言する。この預言の言葉を読み、それを聞いてここに記されたことを守る人は幸せである。時は近づいているからである」と書いています。

このあと彼（ヨハネ）は意味不明のような言葉を使いながら、それでも今、現在、そして今を生きる私たちの未来を、一点の狂いもなく見事に予言しています。それはあなたがイエス・キリストに伝え、そしてイエス・キリストが殺されたのち、天使と共におり、その天使が自分、イエス・キリストの下僕である自分、ヨハネに知らされたものである、と黙示録のヨハネははじめにはっきりとそう言っています。

言葉を隠さなければもうその場で殺されていたでありましょう。七年もの間、イエスの弟子であったというだけで、彼は殺人者たちが送られるパトモス島へ送られ、島流しの刑を受けておりました。生き延びて、預言者でありまた未来を見通す予言者であったイエスの予言を引き継ぎ、教えられたことを人類へ伝えるためにはあのようにわけのわからぬ言葉をまぜながら〝悟るものは悟れ!!〟とばかりに難解な言葉を使う以外に方法はなかった。イエスの弟子で自然死をした者は一人もおりません。すべて若くして殺されました。

一番長く生きたペテロも（パウロと二人で、パウロはペテロよりずっと若く、十五歳年下でしたが）、布教のためローマを訪れ、もうそのとき他の弟子は全部殺されていました。年老いたペテロと、十五歳若いパウロは別れを告げ、一人ずつになり布教のためにローマを訪れたのですが、ローマ兵に捕まってしまい、パウロは首をはねられ殺されました。

ペテロは年老いた身体を十字架にかけられるとき、イエスの弟子にふさわしくなかった、と心からイエスに詫び、自ら逆さ十字架刑《けい》を要求し、イエスとは違う、逆さ十字架で殺されました。

ローマにはパウロの首がころがったところに教会が建てられ、それは今現在もあります。逆さ十字架刑で殺されたペテロの場所は、サン（聖）・ピエトロ（ペテロ）広場と呼ばれますが、多くの日本人も海外へ行くようになったので、ローマを訪れた人でそこへ行く人も、大勢いると思います。

それらの人々に教えておきたい。サンとは日本語で「聖」であり、ピエトロとは日本語で「ペテロ」のことであり、サン・ピエトロ広場で、イエスの弟子であったペテロが二千年前、逆さ十字架で殺された、そういう出来事があったことを。おとぎ話ではなく、現実に起きたことである、ということを。そしてもう一つ、バチカン市国の中にあるシスティーナ礼拝堂に描かれたミケランジェロの最後の審判が、もうすぐ私たちの頭上に降りかかってくることを。

ユダは天国へ行った

数日前から鹿児島県の新燃岳《しんもえだけ》が恐ろしい噴火を始めました。遥か遠くまで火山灰が降り積もり、農作物も何もかも灰に埋もれてしまっております。昨夜午前四時頃、防犯ガラスのあの厚いガラスや雨戸が、今まで聞いたことのない鳴り方で小さな音を立てて鳴っております。一瞬地震かと思い耳を澄まして聞いておりましたが、一向に止みません。

このカタカタカタカタ鳴っているこの音は一体何だろう。風もまったくないのに。この防犯ガラスや雨戸がカタカタ小きざみに鳴り続ける現象は一体何だろう。気の小さいわたくしは気になって気になって、眠れませんでした。

今日、夜七時のニュースで、霧島、新燃岳《しんもえ》が爆発、噴火の震動が、九州、福岡県まで及んだとキャスターが言っていました。午前四時に気づいたあの音が噴火の震動であったとやっとわかりました。鹿児島県で噴火した山の震動が、遠く、遥か遠く離れたこの福岡県にまで及ぶ。私は恐ろしくなってしまいました。

画面に映し出された光景は、山が怒り狂ったような、それはそれは恐ろしい光景でありました。時が近づいたことを、わたくしはこの肌で感じております。

ドイツでは溶けた雪が河に流れ込み、今や町の河は危険水位を越え、いつその水が町へ上がってきて大洪水になるかわからないという状況です。新しい情報によりますと、溶けた雪の水で、ライン川が氾濫《はんらん》。すでに水は町に入り込んでいるとのことです。

オーストラリア、ブラジル、スリランカ、フィリピンではもう河は濁流となって恐ろしい勢いで流れ、未曽有《みぞう》の大洪水と連日報道され、家も車も水に沈み、ブラジルの犠牲者七百人以上。フィリピンの被災者数百五十万人以上と伝えられています。

霊なる神よ、あなたの「火」と「水」の洗礼がいよいよ始まりました。

人間は一体どうすればいいか、どうすれば救われるのか、三十二年という歳月がかかりましたが――そして日の目を見るのか見ないのか、わたくしにはその先のことはまったくわかりませんが――今、本になりつつあるその中に、あなたから教えられたことのすべてを書きました。

霊なる神よ、現代に生きる人間にあなたの言葉を伝えるために、私はこの世に生まれました。あなたの言葉を伝える霊なる神の代理人として、私はこの地上にあなたから遣わされました。

そのわりにはとても小心者で、明け方カタカタと小さく音がするだけですっかりおびえ、そのためにイエスは二千年前も、そして今世もそうでありましたが「恐れるな！　恐れるな！」と何度言わねばならなかったでありましょう。小心ですぐおびえ怖がる私たちに、イエスは「恐れるな！　恐れるな！」と事あるごとに言い続けました。これ一つ取ってみましても、私はイエスの弟子にふさわしいとはとても思えません。天国の門の鍵を渡された者であるにもかかわらず、でございます。

「ユダは天国へ行った。地獄《じごく》へなどは行ってはおらぬ。彼が天国へ行ったことを人々に知らせなさい」と、あなたはおっしゃいました。

二千年の歴史がひっくり返るような、特にキリスト教会やキリスト教圏の国々の人たちにとって、それは驚愕すべき話ではなかったでしょうか。何しろ、イエスを裏切ったユダ。裏切り者のユダと二千年もの長きにわたり、悪魔の子のように言われ続け、今現在もそう思われているのですから。天地がひっくり返ったように、皆アンビリバボー!! と叫ぶに違いありません。

なぜ彼は天国へ行ったか。

「人間の弱さによる罪は許されるが、人間のごう慢による罪は決して許されない」あなたに教えられた通り、そうわたくしは書きました。彼は狂うほどに後悔し、イエスに心底、心から詫びたことも書きました。霊なる神であられるあなたに対して、人間は「感謝」と「お詫び」以外、決して祈り、願いしてはならないとも。

霊なる神は、現世利益《りやく》の神ではないことも書きました。人間はこの天地創造の霊なる神の「霊」と「光」によって創られており、霊体で生きるのが本来の姿であり、人間が「愛」を失くしたときから肉体を与えられ、子を産み、愛を学ぶために人間には肉体というものが与えられました。肉体を持つ以上、食べねば生きられないため、霊なる神は、この地球の七〇%に広い大きな海を創造され、その海にたくさんの魚を泳がされ、「獲《と》って食べるがよい」と、言われました。

そこで億々万劫《おくおくまんごう》のはるか昔から現在に至るまで、人間は魚を獲り、魚を食べました。神は尽きることのない魚という食料を地球上の人間に与え続けてこられました。それはあなたが「霊」であり「愛」以外の何者でもないお方であるから、と私は書きました（ここへ来てあなたは、人間のために創造された海、そのあなたの創造の海で地球上の人間を滅ぼす計画であられます。生かす海から、地上の人間を滅ぼす海へと）。

「創造の初め、この地球には海などなかった」「水晶でできた、水晶色に輝く美しい星だった」とも書きました。太陽も月も、地球も、水晶で創られた水晶色に美しく輝く星であった、と。

人間の誰が海など創ることができましょう。星の一つも、惑星の一つも創れない人間は、もっと謙虚になるべきだ、と。霊なる神はごう慢な人間が最も嫌いなんだ、と私は書きました。

話が後先になってしまいますが、わたくしは先の原稿で書こうと思いながら、書き忘れてしまったことがございました。

裏切り者と呼ばれ続けましたユダとわたくしのことでございますが、自分たちのしたことが、まさかこういう結果になろうとは、夢にも思わぬことでございました。特別に自分を呼んで聞いてくれた、ただその一点だけで、ユダはイエスを売り、わたくしは「私はあの人を知らぬ」と言いました。その結果があのようなことになろうとは、わたくしもユダも、露ほども思ってもいないことでございました。

「特別に自分だけを呼んで聞いてもらった」と思うとは、なんと幼稚で魂の低い私たちでありましたろう。あれほど愛し、育ててもらったことも忘れ、権力に媚《こ》び、イエスよりも権力者たちをまぶしく思い、彼らが自分だけを特別に呼んで聞いてくれることに小躍りし、イエスを売り渡し、私はあの人を知らぬ、と言ってしまったのです。

霊なる神よ。私たちはそのことがどういう結果を招くのか、まったく知らなかったのです。

今世彼（ユダ）は、当時二十八歳。今世イエスとわたくしはまったく同じ年月日に生まれており、魂はまったく違っても、師と弟子の関係ではありましても、まったく同じ年月日に生まれた三十三歳でありました。

うれしそうに一人たたずむユダに、私は「一体あなたは何を言ったのか」と聞くと、「僕だけに特別に、僕だけを呼んで、聞いてくださったんや」と答えました。その後、彼を特別に呼んで聞いた権力者に、私は「私はあの人を知らない」「私はあの人の特別な弟子ではなかった」と言いました。その結果が十字架刑とは、二人共思ってもいないことでありました。

二千年前も、そして今世も、彼はどんどん狂っていきました。日々助けようと懸命になる私たちの手に負えぬほど、彼は今世どんどん誰の目にもはっきりとわかるほどに狂っていきました。私たちは自分の言ったそのことが、これほど恐ろしい結果になろうとは思ってもみないことでした。

ユダはあれほどまでに愛されたことを思い、後悔し、後悔し、狂うほどに後悔し、死んでお詫びをしなければ、と自ら命を絶ちました。私はローマで捕まり、十字架刑にされるとき、自ら逆さ十字架刑を要求しました。イエスの弟子にふさわしくなかった、と思ったからです。

なぜイエスを裏切ったユダが、悪魔のユダがあなたの言われるように「天国」へ行ったのか。なぜペテロが老体にもかかわらず、自ら逆さ十字架などを要求したのか。現代に生きる人々に真実を告げようと、このことを書こうと思いながら、今編集作業中の原稿に書く予定でありましたが、すっかり忘れてしまい、「あ、忘れてしまった」と気になっておりました。

この三十二年間そうでありましたように、あてどもなくわたくしはこれを書いております。今編集中の原稿も本にはなりますが、世に出るのか出ないのか、日の目を見ることがあるのかないままに終わるのか、わたくしにはまったくもってわかりません。

もし日の目を見ることがあり、人々がこれらのものを読むことがありますならば、そのことをこの原稿によって知ってもらいたいと思います。ユダと私にとって大切な、そして書き忘れ、言い忘れましたこのことを。

新燃岳に関する不思議

霧島連山の新燃岳の噴火、爆発が一向に収まりません。灰に埋め尽くされたさまは、ポンペイを思い起こさせます。

思い起こしますれば、雲仙普賢《ふげん》岳が大規模爆発を起こしたとき、そのあまりの爆発のすごさとあの恐ろしい火砕流の恐怖に、日本中が震え上がりました。四十数名の人たちが、あの恐ろしい火砕流に一瞬にしてのみ込まれ、亡くなりました。

一町が火山の爆発によって、逃げる術もなくあの恐ろしい勢いで流れ迫る火砕流によって町も人も埋まってしまったポンペイの跡《あと》のことをこのときも思い出しました。

テレビで恐ろしい噴火の様を見たわたくしは、なけなしの二万円を握りしめ、郵便局へと走りました。あの四十数名を飲み込んだ火砕流が来るやもしれぬふもとに、まだ人々がいたのです。灰に埋まり、灰にまみれ、もうすでに多くの人は親せきや、友人、知人の危険の迫らない所へ避難しておりました。

日本全国民がこの恐るべき光景を、固唾《かたず》をのんで震え、恐れおののきながら見守っておりました。「早く逃げて！　早く逃げて！　早くそこから逃げるのよ!!」。私はテレビの画面を見ながら必死で心の中で叫びました。日本中の人々が、「早く逃げて!!」「早くそこから離れて!!」と叫んでいたと思います。

数日後の新聞か何かの記事に、日本全国の人々の善意のお金がまたたく間に数十億集まったと書いてありました。明日はどうなるかわからぬわたくしでさえ、後先のことを考える余裕さえなく、二万円をつかんで郵便局へ走りました。

早くそこから逃げなければのみ込まれてしまう、日本全国民はそう思い、一刻を争う事態に、私と同様に、後先のことなど考える暇もなく、すぐさま被災地にお金を送ったのです。すぐに数十億のお金が集まったと報道されました。わたくしは、心底ほっと胸を撫でおろしました。「これで助かる」と。「ほんとによかった」とほっとしました。

ところが、のみ込まれた人たちのすぐそばにいるのに、灰に埋まり、灰をかぶっているのに、そこから動こうとしない少数の人たちがいるのです。次に火砕流が来たらのみ込まれるとわかっているのに、動こうとしないのです。そこから離れようとしない少数の人たちがいるのです。

なぜこの人たちは逃げようとしないのか。危険が目の前に迫っているのに、なぜそこから動こうとしないのか。不思議で不思議で、まったく私には理解できませんでした。

少し後になって、その理由が判明いたしました。新聞・雑誌か何かの記事によって、私はその理由を知りました。記事には、ときの村長は、「逃げなさい、ここは危険だから立ち去りなさい」とは言いましたが、その記事によると、一軒につき五万円しか渡さなかったというのです。小さな村です。人口わずかな静かな村です。数十億もの全国民の善意のお金が集まっていながら、それもそのお金の集まり方は早かった。またたく間に集まった全国民の善意のお金です。

私と同じように、そこに残り続ける、逃げようとしない人たちを見て、「早く逃げて!! 早く逃げて!!」と祈るような気持ちで急いで送った日本国民の善意に満ちたお金です。そのお金を、その記事が正しいなら、一軒あたり五万円しか渡していなかった。

親せきも、知人もいない、頼っていく所のない少数の人たちが、五万円をもらってどこへ行けというのでしょう。この大噴火がいつ止むとも知れぬのに、家族がいる人たちが、五万円をもらって「早く立ち去れ、早くどこかへ逃げろ！」と言われても、一体どこへ行けばいいというのでしょう。いつ止むともしれぬ巨大噴火を前にして。

数年前、長崎県に雲仙普賢岳災害資料館を建てた、というニュースを聞いて、私の怒りは頂点に達しました。全国からすぐに集まった莫大《ばくだい》なお金を、一軒につきわずか五万しか配らず、ほとぼりがさめるまで知らぬ顔をして、人の命よりも、その村に住む住民の命よりもわが身の命を優先し、莫大なそのお金を秘かに隠していたのではないか（最近私は国民の善意の義援金が被災者には決して行き渡らないというもっと恐ろしい、奥深いからくりがあることを知りました）。

それを今ごろになって、人々が忘れ去った頃を見はからい、雲仙普賢岳災害資料館を建て、観光でひともうけしようとしている人がいるのではないか。もしそうなら、人間というものの汚さに、私はもう発する言葉もありません。あの最後まで逃げなかった少数の人たちが一体どうなったのか、わたくしは知りません。

自然災害は、人間の想念によって引き起こされる

宮崎の幸島《こう》という所にいる子ザルがサツマイモを水で洗って食べたそうです。それをじっと見ていた大人のサルたちが、子ザルの真似をして、それからはどのサルもサツマイモを水で洗って食べるようになった、と。すると、宮崎から遠く離れた大分県の高崎山のサルたちが、みんなサツマイモを水で洗うようになったそうであります。つまり、どこか一ヶ所で起きたことは、必ず連鎖反応が起こる、と科学でも証明されているとのことでございます。海外で起きたことは、日本でも必ず起こり、日本で起きたこともまた、海外でも同じことが起こる、ということであります。

遠い国で起きていること、自分たちとは関わり合いのないことなどとは決して思ってはならないと思います。もしやこの後、富士山が？　もしやこの後イエローストー

ン国立公園が？　もしや海底でつながる海底火山の爆発が？　日本も海底資源開発を行うとニュースで言っておりましたが、中国が日本海海域ですでに油田開発を行っているからでありますが、油田開発で何度も海外において事故を起こし、海はまっ黒な油にまみれ、鳥も魚も油にまみれ、海底から吹き上げるまっ黒い油が止まらなかったことがありました。海の生き物も鳥も、そして人間の糧《かて》でありますす漁もできず、海はまっ黒な油の海と化しました。アメリカでの最近の出来事でございます。

その前にもまったく同じ事故で、水鳥は油にまみれ、イルカも油にまみれ、魚は死滅したことがありました。同じ事故は何度も起きております。それでもその教訓など無視し、もう中国は日本の海で油田開発を始めており、日本もそれを始めると言っております。

「私の創った海が汚され、魚一匹とれず、あなた方人間は飢えて死ぬ日が来る」とあなたはおっしゃいました。

あなたが人間に肉体を与えられたとき、「私は広い、大きな海を創ろう。そこにたくさんの魚を泳がせよう。地球に住むあなた方が決して飢えて死ぬことのないように」とおっしゃいました。今日まで地球上の人間は漁をして生活し、漁師という人々のおかげで魚を食し、海に泳ぐ魚のおかげで今日まで飢えず地球上の人間は暮らしてくることができました。

ここへ来て、あなたは「もはや海は汚れ、魚一匹とれぬ日が来る。そしてあなたたち人間は飢えて死ぬ」。そう私に言われます。連鎖連動の法則は恐ろしいものでございます。地上火山噴火の連鎖、海底火山噴火の連鎖・連動、油田事故の連鎖。すべて人間自らが引き起こすものでございます。

自然の災害も、すべて人間の想念によって引き起こされるものでございます。人間の悪しき想念。今地球は、永々と改心もなく、反省もなく、やりたい放題のことをやり続けてきた地球上の人間に対し、怒りを爆発させ始めました。戦争を止めることをせず、地球上の核弾頭の数、もはや数知れず、核実験の回数、数千回。今地球は、地球上の人間を滅ぼそうと、怒りに震え始めました。

すべてはあなたの人間に対する怒りでございます。そのためにあなたは今世、イエス・キリストを地上に遣わされました。地上の人間を裁くために。

「私が平和を持ってきたと思うな！　私は人間を裁くため、剣を持ってきた」とイエスは言いました。

今世イエスが顕れたら、二千年前よりもっとひどい目に遭うだろう、と言った人がおります。そんなことはございません。あなたがそうさせない。十字架にかけられたり、今日本にいるイエスが殺されたりなど、あなたがなされません。

あなたの代理で人間を裁くために来たのですから。二千年前のようにあなたが「霊なる神」であり、あなたが「愛」のお方であることを人間に知らしめるため、懸命に「愛」を説いたイエスとは、今回はまったく違う役目で来たのですから。

宮崎の幸島のサルたちは、今では近くにある海の海水でサツマイモを洗って食べているそうです。サツマイモにほどよい辛さがついて、前よりもおいしくなったサツマイモを食しているそうでございます。

この地上も、霊界も、そしてあなたの創造された新しい天と地も、すべて想念の世界でございます。人間が心で想い、またそれを行動に移す者、移さない者。霊体で生きる本来の人間世界は――あなたの「霊」と「光」とによって創られた人間が本来あるべき姿は――肉体ではなく、霊体でございます。

創造の始め、言葉もない、言葉など必要とはしない、想念のみの世界でありました。想念のみで生きるのが本来の姿であり、人間が肉体というものを与えられてからもそれは変わらず、現世も、霊界も、そして新しい創造の天と地においても、すべては人間の心、想い、想念によって創り出されたものでございます。

一匹のサルが飼育員の目をかすめ、オリから町へと逃げ出し、大勢の人に咬みついて回り、町の大勢の人々が痛々しいほどのひどい傷を負わされております。この咬みつきザルのことが連日報道されております。咬まれた人が傷を見せておりましたが、それはそれはとてもひどく赤く腫れ上がり、手首を咬まれた人の手はまっ赤な傷あとが痛々しく、くっきりと残っておりました。

十数名の人たちを襲い咬みついた、この危険な咬みつきザルが一日も早く捕まることを町の人々も、テレビ報道を見ている私たちも願いながら、大規模な捕獲作戦を何日も見続けました。ついに捕まりオリに捕獲されたときのこのサルの姿、あれほど悪いことをしでかして、人間に咬みつき回ってひどい傷を負わせておきながら、オリの中で心から反省をしているのです。首をうなだれ、身動きもせず、ごめんなさいというように、あの憎き咬みつきザルが誰の目にも明らかに、しっかりと反省のポーズをとっているのです。

しばらくして再び逃走をはかったこのサルに、人にまた危害を加えさせてはならじと、前よりさらに大がかりな捕獲作戦を実行しました。今回はバナナやミカンにつられ、一番慣れていた飼育員の人に近づいていきました。

その飼育員の人がサルをつかみ、身体全部でおおいかぶさり、その上にまた大の男の人がさらにおおいかぶさり、二人の男の人の下敷きとなり、あっさりと捕まり、オリに入れられましたが、また例のあの反省のポーズ。このサルの反省のポーズには、誰一人、咬まれひどい傷を負わされた人たちでさえ、文句を言えず、深い反省をするあの姿を見れば、みんな苦笑するしかありません。

「まあ、これだけ反省をしているのだから」と町の人たちも苦笑でした。私も「なんてサルだろう、可愛い！」と言えば、あれほどひどく咬みつかれ痛々しい傷を負った人たちに怒られそうなので決して言いませんが、あのポーズには苦笑いたしました。

本来は十数名もの人に咬みつき傷を負わせたサルだから、殺されても仕方のないところ、あの深く反省する、心底反省している様子のあのポーズで、町の人々にも咬まれた人々にも許され、運の良いサルということで「ラッキー」と名付けられたそうでございます。

数日後のニュースで、父親が、手で握りこぶしを作り、もう片方で噛むそぶりを見せ、「この握りこぶしで叩かれた方がよいか、それともその腕を噛まれた方がよいか、どちらがよいか」とわずか三歳のわが子に迫ったそうです。三歳の子供がそのようなことを選べようはずもなく、父親が三歳のわが子に噛みつき傷を負わせた、とニュースでその子の傷が報じられました。それはもう人間のすることではない、父がわずか三歳のわが子の腕を噛み切らんばかりに噛み、ひどい傷を負わせるとは。傷が化のうし、その化のうが全身に広がり命の危険もある、と医師は言っておりました。

人間が噛みつけば、本来おとなしいサルでも咬みつき人を傷つける。人間が弱肉強食の想念を持ち、行動すれば、動物界も弱肉強食の世界となる。人間の想念は、波動となって動物の世界にまで及ぶ。ピラニアという一瞬で人間をも食べ尽くす小さなどう猛な魚や、ペンギンなどを食べる海の動物もいる。

人間が弱肉強食を止めたら、動物界でも弱肉強食はなくなる。かつて地球の創造の始めはそうでありましたから。かつて霊なる神であられるあなたによって「霊」と「光」によって創られた人間たちは、「愛」以外、何も持ってはいませんでした。あなたが「愛」以外の何者でもあられませぬように、創られた人間たちは「愛」の想念以外、何も持たぬ者ばかりでありました。人間と動物をこよなく愛されるあなたの世界には、弱肉強食など一点もなく、争いもなく、咬みつきザルなど一匹もいず、トラやライオンやヒョウでさえ「愛」を知り、互いに愛し合うことを知っており、人間と動物の間にも「愛」のほかは一切何もありませんでした。

そこは愛に、ただ愛だけに満ち満ちた想念の世界でありました。言葉など一切必要とはせず、そこに住む人間も動物も植物も、愛の波動を送るだけで、つまり、愛の想念を心で思うだけで皆通じ合い、わかり合い、心に思う想念だけで理解し合えるという、今思いますれば不思議な世界でございます。戦争もなく、嘆きも苦悩も死もなく、ただただ歓喜の世界でございました。

たくさんの動物と遊びたわむれ、あなたに創られた「霊」と「光」の霊体でもって、銀河の果てまでも一瞬で行ける、あそこの銀河へ行きたいと心で思うだけで一瞬でそこへ行ける、あれがほしいと心で思うだけで、それがすぐさま目の前に現れる。霊なる神様、わたくしにもその名残りが残っておりまして、原稿だけは三十二年もかかりましたが、「あれがほしい」と思えば必ずそれが手に入り、ほしいと思わぬ先からあなたはわたくしにこの世で必要なものすべてを何不自由のないほど与え続けてくださいました。

働きもせず、昼夜の別なく座り続け、書き続けただけのこのわたくしに、この世の物質界で必要なもの、何不自由のない、人様より、より多くの物をわたくしはいただいております。「あれがほしい」と心で思っただけで私の目の前には必ずそれが現れる。創造の始めのあの世界での名残りが、わたくしには残っている、とずっと感じながら生きてまいりました。

あくまでも「愛」以外は一切持たない。「愛」の想念以外は決して持たない、悪想念を一切持たない、という条件つきではございましたが。

若気の至りで一度だけ、使ってはならぬと知りつつもこの自分の力を、悪想念を使ったことがございました。そのときのあなたのあのお怒り。わたくしはそれはもう恐ろしくて震え上がり、「もう二度といたしません！　どうかお許しを!!」とあなたに心底詫び、あなたも、「二度とその力を使ってはならぬ!!」と厳しくいさめられました。「人を呪わば穴二つ」で、当然自分も死ぬことを覚悟してのことでございましたが、わたくしは自分の想念の強さに満足し、「さて今度は自分が死ぬ番だ」と覚悟いたしておりましたが（ここでは、相手がすべってころんで倒れたと申しておきますが）、私がすべってころんで倒れることはなく、あなたから震え上がるようなこっぴどいお叱りを受けました。それ以降、二度と使ったことはございません。

今、このような人間社会となり、イエスは人間を裁くために再び地上に降臨し、あなたは改心もせず、ごう慢の限りを繰り返す人間たちをもはや許さず、そのような人間たちを火の釜に投げ入れ、焼き払おうとされております。億々万劫という長い時を人間の改心を待って、聖者を地上に送り続けられ、誰一人も殺されなかったあなたは、人間の霊体をまっ殺されようとしておられます。

平凡な、これといった取り柄もなく、宮沢賢治ではございませんが、皆にデクノボウと呼ばれ、褒められもせず、苦にもされず、今までを生きてまいりましたが、一つだけ、これをやられたら私は絶対に許せない、ということがございます。それをやった者に対して、あの想念を、相手がすべってころんで倒れるあの悪想念をもう一度だけ使ってもよろしいか、わたくしはあなたにたずねたく思います。

「駄目だ!!」と言われるか「よろしい」と言われるか、これを書き終える頃にはお返事をいただけるものと思っております。

想念についての話でございました。

欲にまみれ、甘い汁を吸う国のトップの人たち

その前に、先ほど夕方のニュースで、どこかの大学の准教授が、裸の下半身をパッ

と見せたり、若い女性のお尻を触ったりしてワイセツ行為で逮捕されたと言っておりました。一体どこがおもしろく、楽しいのでありましょう。頭の良さとこれらの行為とは関係ないと思わざるを得ません。

連日、国技であります相撲《すもう》の八百長が発覚し、勝負をお金で買い取りする、まさに日本の根底を揺るがす騒動に発展しております。前々から疑いは持たれておりましたが、ここへ来て、国民をあざむき続けていたことがはっきりと露呈いたしました。

人をあざむく上から下まで嘘、嘘、嘘の人間の発する想念。国の根底を揺さぶり、もはや存続さえ危ぶまれる相撲界の想念は、霧島新燃岳の大噴火と相まって、まさに時を同じくして、なおいっそう大噴火を繰り返し、溜まりに溜まった怒りを爆発させるかのように、今なお激しい、恐ろしい爆発と噴煙を繰り返しております。

巨大化した溶岩ドームが爆発し、火砕流と土石流の危険にさらされ、住民に避難勧告が出され、大勢の住民が避難しました。空振《くうしん》は建物のガラスを割り、わたくしが感じましたあの聞いたことのないカタカタカタカタと揺れる空振は、遠く四国にまで及んでいるそうでございます。

人間の発する想念に、地球は怒り狂っております。地球上に住む人間に対し、地球は怒りを爆発させ始めました。地球はもはや人間を始め、万物を住まわせることを許さないでありましょう。人間の想念が、今まさにそれにふさわしい状態となりました。怒れる地球、怒れる霊なる神、怒りをもって顕れたイエス・キリスト。地球も太陽も月も、霊なる神よ、あなたの計画通り、消えてなくなることでありましょう。

すべては人間の想念が引き起こしたことであり、創造の始めから今日まで、憎しみと争いと戦争と憎悪と無差別殺人と虐待といじめと、親の子殺し、子の親殺し、テロ爆弾、原子爆弾投下、もはや人間が救われる想念などどこにも見当たりません。自滅。自滅の想念しか地球上にはありません。

北の地方では四メートル以上もの雪が降り、道路は両側《りょうがわ》雪の壁となり、家屋は雪に埋まり、雪による死者、九十六名。南は新燃岳の怒りの爆発が今も続き、家も田畑も灰に埋もれ、昨日から今日もまた、地震の報道がされ始めました。

オーストラリアを始めとするあちこちの国の大洪水。さらに昨日オーストラリアを襲った巨大サイクロン、ロシアの干ばつ。日本政府による国民の痛みを知らぬ者たちの容赦ない増税。輸入に頼る日本国の食品の高騰。エジプト、カイロでの九百万人の政府への怒り爆発。止むことなき、死者さえ出しても自分たちだけ甘い汁を吸い続けた現政権への耐えに耐え続けた市民の怒りがついに爆発。

菅総理は、今後三年間で、五千億円の復興支援をアフガニスタンにすると約束しました。霊なる神様。五億ではございません。五千億でございます。どこかの国では、これら世界中から集まった支援金を、政府は一文も国民には配らず、全部、もちろん自分が一番多くでありますが、軍の者たちに配り、軍の者たちだけが豪邸を建て、高級車を買い乗り回しています。

すぐその横では、貧しい、食料もなく、仕事もなく、子供に教育も医療も受けさせることのできない人々が、軍の者たちのあまりにすごい豪華な邸宅の立ち並ぶその横に、国の善意にさえ見捨てられた多くの人々が、自国の政府によって見捨てられ、国をつかさどるトップの者によって裏切られ、見捨てられ、生きております。

ルーマニアのチャウシェスク政権はそれを国民にした結果どうなったか。栄華を極め、国民の貧しさをかえりみることなく、トップである自分たちの栄耀栄華、ぜいたくを極めつくした彼らは、怒り狂った国民によって哀れにも命ごいをしながら射殺されました。

枚挙にいとまのないこれらの現象を見ながら、国のトップは欲に溺れ、欲にまみれ、甘い汁を吸うその立場を手離そうとはしない。エジプト、カイロの九百万人の国民が水道もない、電気もない貧しさに耐えかねて、死をも恐れぬ怒りの暴徒と化しているのを尻目に、それでも大統領を辞める気配もありません。もうサジを投げ、傍観し、あるいは暴徒と共に気勢を上げ始めた軍に、一人当たり一万数千円から六千円ほどとニュースでは言っておりましたが、軍に金を渡し、反政府暴動撲滅に乗り出した、と。

新燃岳噴火同様、この怒りの暴動も、収まる気配がありません。五千億ものお金をアフガニスタンに支援しても、国民には決して行きはしないことは明白でございます。そんな、海外に向けてええかっこしい、虚栄を満たす、首相というたった一人の人間のメンツ、虚栄を満たすためにバラまくお金があるならば、国民の手には決して渡らぬお金を、いわゆる捨て金を、五千億ものお金を、どこでどうなるかもわからぬ国民の血税を、日本国民を救うために、北朝鮮にら致された十数名の人たちを救い出すために使うべきだと思うのは私だけの考えでありましょうか。

日本国民が三十数年も苦しみ続けているのを知りながら、それを尻目にアフガニスタンに五千億もの、市民には決して届かないお金をバラまくとは、何たることでありましょうか。三年間で五千億と菅さんは世界に約束しました。一人一億としても北朝鮮から、ら致被害者を救い出すのに十数億しかかかりません。

菅さんはどこから、アフガニスタン復興支援に五千億という金額を出したのでしょう。ら致被害者を三十数年も見放しておきながら、増税、増税。日本国民は今悲鳴を上げています。

私をホッとさせたある新人作家の話

一心不乱に三十二年間も原稿書きをいたしております間に、世の中は、わたくしの想像以上に堕落しておりますことを、まざまざと思い知らされております。

相撲界のもはや立ち直れるかもあやぶまれる、国民を、国をも欺くほどの堕落。昔からあることを隠し、今回が初めて、と嘘をつき、平気でいられる責任者の堕落。夜昼転換を迎え、まっ昼間の世界になったことを知らず、もう何一つ隠しごとのできない、すべてが暴かれる世界となったことを知らないのでありましょう。

昨日ラジオを聞いておりましたら、美しい歌声が流れてまいりました。聞き惚れておりましたら「乳房や腿《もも》の奥、背中に、あなたに愛されたあとが云々」というスローバラードの大きなはっきりとした日本語を聞き、昼間の一時半頃でありましたが、わたくしは「ゲゲーッ」となってしまいました。露骨という堕落。かつてこのような露骨な歌詞の歌を聞いたことはございません。

この人の作詞、作曲の次の歌など、もはやわたくしの耳にはまったく入りませんでした。これほど堕落した詩を作る人の曲など、偽善曲にしか聞こえません。天国的魂を持った者には、昼間堂々と「乳房」や「腿《もも》の内側」や「背中」を愛された名残りが今も云々などという、露骨なおぞましい言葉を聞くことは、身ぶるいするほど、堕落以外の何ものにも思えません。恥というものがないのでしょうか。

田舎の書店に本が届くのは少々遅く、数日前やっと今年のA賞作家の本が届き、楽しみにしていた分期待も大きく、さっそく読み始めました。

読み始めた一ページ目、ギョッとなりわが目を疑いました。ここに書くのもはばかられるえげつない露骨な言葉。吐き気を覚えたのはこれでもかと書かれた卑猥な自己の性描写。授賞式のときのあいさつで「○○（猥褻なサービスをする店）に行こうかと思っていましたが、行かなくてよかったです」という言葉を聞いて「?」とは思いましたが猥褻《わいせつ》罪にはならないのかと思うほどのエロ本顔負けのすごい露骨な描写。見たこともない漢字の読むことも意味もわからない言葉、漢字の羅列。かつてこれほど意味のわからない見たことのない漢字の羅列の本を読んだことはありません。

無理に誰かを真似るような昔風の言葉の言い回し。この漢字と大正か昭和初期の作家に無理にでも近づけようとするような言い回しに、何か卑しさを感じたのは私だけでありましょう。賞の名前の元となった作家Aの作品は、このような読めない、意味もわからない言葉や漢字の羅列や、とってつけたような変な言葉の言い回しなどございません。誰か別の人に近づけようと無理にこのような難しい、現代ではほとんど使わない漢字と言い回しにしたのは、もしかすると本人ではなく編集者では、と思ってしまいました。

かと思うと「どうするの?」「どうしたの?」「全然大丈夫」「全然ＯＫ」などの今風の言葉が突然出てきて面くらってしまう。正直に申し上げて、Ａは怒っていると思います。「俺の名を使うな‼」と。Ａの作品のどこにこれほどまでに目をおおうばかりの卑猥がありましょう。私はこれを読み、正直、露骨という堕落と思いました。

書き手は何を書いてもいい。書く方は自由です。選ぶ方、Ａ賞という日本で一番の権威ある賞の受賞作が、子供にも読ませることはできない、人にも「今度のＡ賞、ぜひ読んでごらんなさいよ」ととても恥ずかしくて勧めることもできない。あまりにも露骨すぎます。正直、日本人の堕落はここまで来たか、と思いました。

最後まで読んでみてよかった、と思いました。途中で放り出していましたが、昨夜最後まで（つまり、単行本に収録されていたもう一つの作品も）読みましたが、「え?これが同一人物の作品?」と思うほど、賞を取った作品とは打って変わって、難しい言葉は一切なく、あの誰かを無理に真似たような昔風の言い回しも一切なく、「ギックリ腰」をテーマに短編を一気に流れるようなペン使いで書けるとは、見事、と思いました。賞を取った方はあれはよくない。とても人に勧められたものじゃない。しかしこのおまけのように最後に載っていた短編小説は非常によかった。とはいえ、賞を取ったのは先の作品なのだから。

週刊誌に、「A賞作家と言われるよりも、私小説家と言われたい。これからも私小説を書いていく」と著者が語っている記事を読み、なぜかホッとしました。今までの努力が実ったのだから大いに喜んでいい。日本最高権威の文学賞、A賞を取ったのだから酒をあおって一人祝杯を上げ、バンザイをして喜んでいい。しかしこの人は、決してA賞にはこだわっていない、そのことがなぜか私をホッとさせました。

頂点に登りつめたら後は下るだけ。賞にこだわっていては賞がじゃまをしてもう書けない。一からまた山を目指す気持ちでなければ、賞に酔っていては書けなくなる。

近くに直木賞を取ってもう二度と書けなくなった人がいます。週刊誌に写真入りで、「直木賞を取って、書かない作家」と書かれ、もう二十年以上が経ちますが、当時騒がれ新聞に載り、一度会ったことがありますが、兄さんがやっているジャズ喫茶に入りびたり、暇を持て余していても書かない。自分なりの頂点を極め、降りてきたけれど、再度登る気力を失くしたのではないかと思います。それほど、この世界の山は高い。

わたくしは三十二年もの間必死で登り続け、ズズズと下へころげ落ちてはまた懸命に登り、三十二年登り続けでありました。やっとヘトヘトになり頂上へと来ましたが、まっ白な霧と雲におおわれ、一寸先も何も見えず、せっかく苦労してここまで登ってきたというのに朝日も風景も何も見ず、止むなく降りねばならぬのか、しばらく待てば霧と雲も晴れ、三十二年登り続けてよかった、とバンザイをする時が来るのか。何も見えない頂上で立ち往生をしている状態です。

トルストイが「人生は遊びではない‼」と言いました。霊なる神様、トルストイのこの言葉が、まるであなた様からのお言葉のように感じられ「ハハーッ、まことにそうでございます。人生は決して遊びなどではございません。これからもトルストイを見習って、真面目にしっかりとあなた様に帰依《きえ》申し上げ生きていく所存でございます」と思いを新たにいたしました。

いつものように週刊誌を持って、いつものファミリーレストランに行き、食事をしながら週刊誌を読んでおりました。感動の記事が載っておりました。先のA賞を取った青年の記事でございます。彼はこう言っておりました。

まず、慣例となっておりますA賞候補者の新聞各社からの事前取材をすべて断ったそうでございます。そして、各社に送ったファックスには「万に一つも受賞はない」という文言が記されていたそうでございます。これもあの若さで立派な行為であると思います。ネット住民は「ダメ人間の星」「フリーターの星」と熱い共感の声を寄せているのに対し「この人たちは何か勘違いしているな、と、自分はフリーターの星なんかじゃない、会見を見ただけで『俺らの仲間だ』なんて、ちょっと困る」と。実に浮わつきのない鋭い指摘でございます。

「A賞って怖いですね。先日もたまたま昼食に入った店で、知らない人から〝A賞を取った人ですよね〟って話しかけられたんですが、新聞か何かで僕の顔を見たのでしょう。ああ、嫌だなあ……と思いました。僕の小説なんて、どうせ読みもしないいくせに」

私小説のあのどん底生活が何一つ無駄になっていない。人間観察が実にすばらしい。物を書くという行為は、究極、人間観察に尽きるのですから。フィクションにしろ、ノンフィクションにしろ、人間観察がどれだけできているか、人間をどれだけ知っているか、人間を知らない者には物は書けない、とわたくしは思っております。その意味で、彼はあの若さで一般の者が見ることのできない人間を見、観察することができた。この浮わつきのない彼の態度は、本物だと思います。

わたくしが感動したのは、彼の次の言葉であります。

「今までずっと冴えない人生を送ってきたわけですから、せめて一週間くらいはA賞に浸りたい。出前の寿司でも取って、一人きりでA賞受賞の新聞記事でも眺めながら一杯やりたい。一週間だけ有頂天になっていいと自分に許しているんです。でもそれが終わったら、賞を取ったことなんて忘れたほうがいい。名前を挙げて申し訳ないけれど、AさんやBさん（A賞受賞作家）みたいにはなりたくない。ここでボンヤリしていたら、彼らのようになってしまう。A賞といっても所詮は新人賞です。

一週間だけ有頂天になったあとは、A賞作家ではなくて、一私小説書きに戻ろうと強く思っています」

何というすごい若者だろうと思います。

昨夜わたくしは彼のA賞受賞作品を読み、正直な感想を述べました。先に彼は、「万に一つも受賞はない」と新聞各社にファックスで送っています。ならばわたくしの正直な批判、辛らつなわたくしの批判も許してくれるでしょう。

彼ははっきりと「万に一つも受からない」と自分で認め、他にも宣言しているのですから選んだのは選考委員。人に勧めることのできない内容であることを彼はしっかりと自覚をしていた、と私は思います。

「名門の才媛が、という華やかな紹介で終始したはずなのに、自分が紛れ込んでしまった。僕は逆においしいけど、彼女たちに気の毒と思う」

これぞ奇蹟と呼ぶものではありませんか。奇蹟が起きた、とわたくしは思います。

選考委員に感謝をし、素直に彼は喜んでいる。四十五、六年前の柴田翔氏の『されどわれらが日々――』以来、A賞受賞作品を読んだのはこれが初めてであります。四

十五、六年も前のA賞受賞作であるのに、何でもすぐに忘れてしまうわたくしでありますが、内容を今でもすべて覚えている。登場人物の女性の名前、〝節子〟という名前まで覚えております。そして今も思い出すと深く考えさせられてしまう。四十五、六年も前の本なのにであります。

最後に柴田氏が書かれていた言葉も覚えております。あとがきで「生涯に一冊の本を書こうと思って私はこれを書いた」と。このように潔いA賞受賞作家もいるのでありります。

とにかくあれ以来、A賞受賞作を読んだのはこれが初めてで、他の受賞作にはまったく興味がないというのが本音です。

今までに百冊近い本を読んでまいりましたが、A賞受賞作は、『されどわれらが日々——』と今回の二冊だけです。賞を取ったものは他にまったく読んではおりません。興味のあるものしか読みません。売れているからとか、賞を取った作品だからとか知名度がある人の本だから読むなどという発想は、わたくしにはまったくございません。自分にとって興味のあるものしか読まない。

酒を飲み、一人祝杯を上げ、バンザイをして喜んでいい。しかし、喜びを満喫したならば、あとはA賞のことは頭からとっぱずさなければいけない。それをいつまでも握りしめていると書けない。一から新しい山に登るためには、賞のことを頭からはずさなければ書けなくなる、と真にこれ老婆心から出たものでありました。賞などもらった経験もない、三十二年間もひたすら原稿書きをしていながら自分は作家などではない、作家を目指して書いているのではない、作家を目指す者が三十二年間も頑張るなどあり得ない、作家を目指しているのならとうの昔にあきらめるだろう。

そうです、わたくしは作家になろうなどと考えたことは一度もなく、今、現在も書いてはおりますが、作家を目指す者ではないのです。では何者か？　何をもってそのようなことを言ったり書いたり、たわごとを申すのか？　わたくしは予言者でございます。だから自分に経験がなくとも先が見えるのであります。つい先が読めてしまうのでございます。

だから彼にも喜びを満喫したら、A賞をとっぱずせ！　そうしなければ書けなくなる。必ず賞が自己のわざわいとなって、自己の邪魔をして書けなくなる。だから喜びの後に賞を完璧にとっぱずせ！　と言いたいのです。

何と彼は、実にすばらしい。一週間と言いました。一週間だけ有頂天になっていいと自分に許している。それが終わったら賞を取ったことは忘れ、A賞作家ではなくて、一私小説書きに戻ろうと強く思っている、と。

一週間ではなくて、もう少しぐらい喜びを味わってもいいよ。半月か一ヶ月ぐらいは……。実に立派な青年であります。実に驚くべき、地に足が着いた若者であります。驚きました。

皇室のある方と漫画家Kの話

党首討論、いやですね。お互いに激しいやっつけ合いばかりで、いやですね。

相撲力士の八百長問題。「水の中に落とした」とか「妻が踏んで壊した」とか「新しい機種に変えた」とか、メールの記録を調べようにもこんなことを言って逃れようなんて、いやですね。ほんとにいやですね。

これ書いていいかどうかわかりませんが、週刊誌に載っていることだし、識者の人たちの意見も載せられていることだし、もうずいぶん長くいろいろな人の意見があることだし、言ってもよいと思います。たいして興味もないのですが。

もうあれから一年も経つというのに、雅子妃はまーだ今でも娘さんの登校にくっついていって、教室で一人後ろの席で授業を見ていると書いてありました。わたくし本気で○○ではなかろうか、と思いました。下校時には娘さんがさっさと前を歩き、ときどき雅子妃を振り返る、と。これまさに一般の者は、常識ある母親は決してやらないことでございます。

なぜかと申しますと、教室の後ろに誰かの母親なり父親なりがおりますと、子供たちにとっても先生にとりましても非常に気の散るいやなものでございます。気にすまいと思っても、誰かの親が、いるはずのない者がじーっと授業の間いるということは、子供たちと先生にとって、耐えがたくいやなものでございます。一人教室で子供にくっついてきて、大人がじーっと授業の様子を見る、これは異常としか言いようがございません。

これが毎日一年も続いている、と。本気で○○ではないかと思います。他の生徒のことも、先生の気持ちも推し測れないような人が、日本国民のことなど考えられるはずがありません。それはもう日本国民、一部の人を除いて、観察力を持った日本国民ならば、そのようなことはとうの昔に見抜いているのではありませんか。

朝の十時とか十時半とか、最後の授業だけとか、自分の気が向いた授業だけを受ける。親が出席すべき全校集会には出席せずさっさと帰り、自分が気が向いたものにだけ出席する。なぜ子供らしく最初の授業からきちんと受けないのでしょう。

親はまた、なぜ全校生徒の親が出席しなければならない大切な集まりを尻目に、一人だけさっさと帰ってしまうのでしょう。自分の好きな授業にだけすました顔して出てくる小学生、まだ三年生（執筆時）だというのに、他の生徒がどれほどこのことによって三年生なりの子供なりの規律が乱され、子供だから口には出さないでしょうが、心の中でいやだなーと不愉快な思いを抱《いだ》いているのがおわかりにならないのでしょうか。全校生徒、皆一時限目からきちんと授業を受けています。

まー、よくもこれほど人の気持ちというもののわからないお方だとわたくしは呆れております。識者と呼ばれる人たちも、もはやここへ来てかばう声はあまり聞こえてはこず、「早く子離れをすべきだ」と言う人もおります。『人の心がわかることを教養という』という言葉がございます。教養と学歴とはまったく関係ないように思われます。

子供の姿は親の姿。どれほど言い訳をしようが、どれほど反論しようが、子の姿は親の姿でございます。遊びごととなると親子して日頃とはうって変わって元気になる、と週刊誌に書いてございました。

今でも子供に毎日くっついて、十時半頃登校、好きな授業だけ受けてあとはさっさと帰る。その授業を後ろの席で母親が一人一年間も見ている、もうこれだけでわたくしは○○か、と思いました。

政界も、相撲界も、聖なる地に住む人も、もはや○○ばかり、世も末、日本国は末期的症状でございます。あーいやだ、いやだ、いやですねー。

霊なる神様、あなたは日本がまっ先につぶれる。第二次大戦のあと、日本国は立ち上がったが、もはや日本国が立ち上がることは二度とない。日本がふんばっている間は世界はつぶれない。日本が一番最初じゃ、とおっしゃいました。もう駄目です。あなたの言われるように、日本国は、日本人は、もう目も当てられないありさまです。もはや日本が立ち上がることはないでしょう。そして弱った者を襲うあの国が、日本国をめちゃくちゃに荒らしまくることでありましょう。北朝鮮でも中国でもない、あの国が。

霊なる神様、

しばらくお待ちくださいませ。

Kなる男と少し話をいたしたいと思いますので……。

いえ、ご心配には及びません。ただの小さなこぜり合いと申しますか、口ゲンカと申しますか、兄弟ゲンカと申しますか、決して現在目も当てられない中東の紛争やイラク戦争やアフガニスタン戦争のような、大規模な争いにはならないと思います。わかりませんが……。わたくしは昔から負けるケンカは一切いたしません。勝つと思うケンカ以外、一切いたしません。

それにいたしましても日本はどうして負けるとわかっていながらアメリカなどと戦争をしたのでありましょう。アメリカなどと戦争すれば必ず負ける、とほとんどの日本人はわかっておりましたのに、なぜこんな馬鹿なことをして大勢の命を失うようなことをしたのでありましょう。負けるとわかっていて戦争をするから、日本国中メチャクチャになり、数え切れない日本人が死に、B29が日本列島にバラバラと爆弾を落とし、沖縄地上戦のあの悲惨、わが小さな町も焼け崩れ、町は黒こげの死体の山。東京もまる焼け。おまけに広島、長崎には一瞬にして数万人が死んだ原爆投下。なぜこんな大量破壊兵器を山ほど持つ国と、竹やりでエイヤ！　エイヤ！　と相手を殺す訓練をするような国が、負けるとわかっている戦争など始めたのでありましょう。

なぜアメリカ領土のハワイの真珠湾など不意打ちに攻撃などしたのでありましょう。そのとき日本では女性たちが竹やりで「エイヤッ！　エイヤッ！」と相手を殺す訓練をしていたのであります。「今まで勝ち続けてきたから」とか「神風が吹くから必ず勝つ」、それが理由のようでございます。まさに盲信というものでございます。

「盲信」ほど恐ろしく馬鹿げたものはございません。日本国民の、全国民の命がかかっているのでございます。盲信によって一度日本は滅びた。草を食べ、サツマイモを奪い合う、食料も家もない日本。焼け野原となった日本。「しかし、試練はこれからじゃ。火と水の洗礼はこれからじゃ。あのときは立ち上がったろうが、日本が立ち上がることはもはや二度とない。心せよ日本人。火と水の洗礼はこれからじゃ」とあなたは言われます。ハハーッ、よくわかっております。あなた様のお言葉は、皆によくわかるように、とあの難しい、ややこしい内容（自分ではまったく気づきませんでしたが、講評にそのように書いてあり、そうか、難しいのか、と気づきました）――その難しい、ややこしい内容――を、すべての人にわかるように、理解できるように、と心血を注いで今編集のTさんが、編集をしてくれておりますが、そこらの小説などとは違い、大変な苦労だろうな、と心中を察しております。

そのややこしい、難しいと一般の人からは思われるでありましょう中に、あなたからの伝言、あなた様のお言葉、お考え、すべて間違いなく記しております。大丈夫でございます。何せ三十二年間もかかったのでございますから。

わたくしは、K氏と議論をしなければなりません。先ほど申しましたように、わたくしは負けると思ったケンカはいたしません。必ず勝つ、と思うケンカ以外一切いたしません。

Kさん、Kさん、ねえKさんってば。きのう書店の店長に電話して「Kさんの天皇を論じた本あります？　なかったら取り寄せてもらいたいのですが」と電話したの。「ここにありますよ」「えっ、よかった、すぐ行きます」。ルンルンルン。レジでパラパラと見て、「ぎゃっ、漫画じゃないの」。

ちゃんとした活字の本かと思ったら漫画じゃないの。サザエさん以外漫画読んだことないのに。そもそも私は大人が漫画を読むのは嫌いなの。なぜかって？　活字じゃないと想像力が湧かないからよ。レジで取っておいてもらった本だから千七百円＋税を払ってバカでかい漫画本を我慢しながら読み始めたの。夕べのことよ。

「ワシを嫌っているヤツはいっぱいおる」。それはないよ。「朝まで生テレビ」に昔出てたときはあなたが出てるのを楽しみで観てたもの。田原さんまで「僕、僕」って言うじゃない。漫画と同じぐらい、大の大人が、七十、八十、九十の人たちまでが「僕、僕」っていうのが私気持ち悪くて嫌いなの。幼稚に見えてね。年を取ったからか田原さん最近「私」が多くなってホッとしている。あなたはいつも「わし、わし」で貫いてしゃべるのが心地よかったよ。正論だったし。あなたが出るときが楽しみだったよ。最近出ないね。どうしたの？ この漫画ねー、正直私頭痛くなったよ、途中から。「バカでかい本だけどちゃんと最後まで頑張って読んで」。そんなこと言われなくても読みますよ、最後まで。あなたねー、天皇を論じた本が八週間で二十万部売れたっていうけど「Kのやろう、一体どんなことを書いてんだろう」って、まったくの興味半分の人が大勢いると思うよ。私みたいにね。

二十万の人は、これだけ詳しくわしが書いたから、よーく理解できたろう、って言うけど、理解しようと必死で考えたけど、いまいちちぐはぐな所があるのよ。なぜこんなに異常なまでに皇室に固執するのよ。これ頭痛くなるぐらい固執しすぎで、異常と思うよ。あなたを理解しようと私も真剣に読んでるんだからちゃんと聞きなさいよ。

私の周りに「皇室は京都御所へ帰れ!!」って言う人がいる。「あれだけの土地を占領して、京都に御所があるんだから京都御所へ移れ！ 帰れ！」ってね。こういう考えの人たちとあなたは戦って、これからも戦い続けていく、というところを見ると、乱気流の中にあって、あがいてもがいて、皆わしのこと聞いてくれ〜〜〜、わしの言う通りにしてくれ〜〜〜、皇室の危機だ〜〜〜、皇室があぶない、この沈みかけた皇室の危機がわからんのか!! 皇室の一大事であるこの危機的状況がなぜわからんと、左翼を罵倒し、左翼を大声でののしる姿は、あなたも左翼と同じってことよ。合わせ鏡。表裏一体。

新燃岳がまた爆発したよ。これで十回目。町は灰に埋まってしまったよ。土石流や火砕流の危険でみな避難している。町も田畑も家も灰で埋まっているよ。江戸時代に起きたこの火山噴火は二年間も続いたんだって。どうすんのよ、ねえ、どうすんのよ一体全体。

北の方では積雪が六m近くにもなって家は二階まで雪に埋まって外にも出られない状態よ。雪に閉じ込められてしまって。雪による死者は十日ぐらい前まで九十六名だったのに、一二一名になったのよ。あなた雪での死者が一二一名よ。この日本での今現在の話よ。

外国ではエジプトの民衆のあの怒りのデモ。九百万の民衆が怒り狂って命を賭《と》して、辞めないと頑張っていたムバラク大統領をついに辞任に追い込み、ムバラク一族は、ああやっぱりと私は思ったけれど、六兆円近い金を持ってどこかへ逃げたそうよ。そうではないかと思っていたけれど、飢えて職もない貧しい国民には目もくれず、自分だけ私腹を肥やし、あなた、六兆円よ、六兆円。きのうのニュース。

他にもトップがぜいたく三昧して、貧しい、苦しい国民など打ち捨てて、彼らは表の顔と裏の顔は違うのよ。あなたわかる？　純粋だから気づかないだろうけど、皇室にも表の顔と裏の顔があるのよ。あのね、私予言者だから、遠くからでもその人のことが何でも見えてしまうの。どんなに表面を隠していても私にはその人の裏まで見えてしまうの。

あなたもいつか裏切られるときが来ると思うよ。「今にわかる、今にわかる」、これだけは言っておくわね。純粋なあなたが落ちていかないように。私の言葉、警告を受けとってね。エジプト、カイロのデモで四百人以上の若者を含む人々が死亡。国民に目を向けたふりをしながらわが身の安泰を守り私腹を肥やすトップはまだ世界中にごまんといるよ。

日本人の自殺者はこの十二年間連続して三万人以上。ほとんどは健康問題や、お金がなくての自殺よ。生活保護を受けながら、必死で職を探しても見つからなくて、保護を受け続ける自分に絶望して死んだ人もいる。金の心配もなく、職を探し求める心配もなく、子供の受験の心配も学費の心配も一切なく、それでもって自分の与えられた仕事も一切せず、好きなことだけをやって暮らす人と、この自殺をした人と、神様から見たらどちらがいとおしいか。神はどちらを愛するか。どちらを救うか。先の人に決まっているじゃない。

わずかな国の援助を受けることさえ心苦しく、食べるだけのほんのわずかの国からの援助よ、それでも申し訳なく心苦しく、職の見つからない自分に絶望して死んだ人の方が、神様にとってこれほどかわいそうで、いとおしいほどにかわいそうで、愛さずにはいられない、救わずにはいられない、このような人は天国へ往くのよ。神に愛される汚れのない心と魂を持っているのだから。

Kさん、食べ物を買うお金がなくて餓死した人もいるのよ。アフリカでは飢えた子供たちがどんどん死んでいるのよ。あなたどこ見てるの。どうするのよ、この日本の危機は。税、税、税と若者も年寄りも金持ちも貧乏人も日本国民は政府から税をまき上げられているけど、政治家は「金がない、金がない、金がない」と日本国民の預貯金にまで目をつけて、これがほんとうの乞食根性というのよ。日本政府がこれだから。

あなたが招待を受けて、有象無象《うぞうむぞう》の芸能人やらスポーツ選手やら政治家やら、あなたみたいな漫画家やら招待されて、私からみればほんとに有象無象よ。若い歌手やら、ビートたけしやら招待状もらってあなた舞い上がって皇居が見たい！　あの神殿が見たい！　とモーニングを新調して心わくわく舞い上がって行ったけど、帰りも舞い上がったままの状態で帰ってきたと書いているけれど、あのデカイ神殿に何人住んでいるか知っているの？　天皇、皇后二人だけよ。あとは何人いるか知らないけど、お付きの者、召使い、それらの人たちがいるだけで、あの神殿に住むのは二人だけよ。「貧乏人の嫉妬を煽り」とあなたは書いているけれど、ほんとうの貧乏人は皇室に対し嫉妬している余裕などない。明日の糧をどうするか、明日の資金繰りをどうするか、生きるか死ぬかの瀬戸際に立たされ、皇室のことなど考えるゆとりも暇もない。

貧乏人が皇室に嫉妬するなどないのよ。不平も不満も一切言わず、じっと一人耐え、あるいは一人静かに絶望し死んでいき、あるいは寒さにこごえ路上で寝て。あなた、真の貧乏人はただ耐えに耐えているだけで決して嫉妬心なんか持ってはいないのよ。「ベルサイユ宮殿のような立派な赤坂迎賓館というものがありながら、なぜあのような神殿をわざわざ建てる必要がある！」と言った人も、「あれほどの広大な敷地を独占せず、皇族は京都御所へ帰れ！」と言った人も大金持ちよ。あなたの言うように貧乏人ではない。彼らは自分たちが汗水流して働き、身を粉にして働いて得たお金を、そのほとんどと言っていいほど税金に持っていかれる。

学校も医療も大学までは（国公立だけでよい）、教育や医療はすべてが無料であれば、どれだけ税を取られようが人は文句を言わない。医療費のあまりの高さに、私の周りの者は皆病気にはなれない、と言っている。年金とは名ばかりでこれで生活はできない。このわずかの年金から、六十五歳になったすべての国民は介護保険料というものを強制的に引かれる。介護を受けようが受けまいが六十五歳から死ぬまで延々と介護保険料という名の税金を年金から払い続けなければならない。

若者に「年寄りを養う、年寄りの面倒をこれからの若者は担わなければならぬ」とせん動し、若者は年金から介護保険料という税を六十五歳以上の者すべてが強制的に死ぬまで取られ続けていることを知らないと思う。政治は腐っている。政治家は腐っている。むしり取った税を自分のものと勘違いしている。

もうわかったわかったKさん。

あなたが何も知らないということがよくわかった。あなたが言ったり思ったりしているような、「百年」も、この先日本も世界も続かないのよ。今編集作業中の私の本を読んで。予言者だから。チト難しすぎたらしいので、あなたのような人にもよーくわかるように、Tさんが懸命に編集してくれている最中だから。

もしこれが本になったら、それとこれを読めばあなたの心すっきり。「何だ、そうか」と思うから。こんなに頭から湯気出していきり立たなくても、「何だそうだったのか」とあなたも私もこれですっきりするから。あなたの漫画頭痛がすんのよ。読んで頭痛がする本なんて私初めてよ。まったく。

あのね、もう少し教えてあげるね。

堕天使ルシファーにまで遡らなければ、人類史は語れない

いつの時代も冒険心と探求心に満ち溢れた人がいた。

「この地は一体どこまで続いているのだろう。この地の先は一体どうなっているのだろう」。地の果てまで行ってみたいという彼らの冒険心は抑えがたく、ボロ船に乗り、危険をもかえりみず、地球を旅する外国人がいた。あの小さな島は何だ。何もあるようには見えぬが、ひとまず行って降りてみよう。ボロ船からその小さな島に降りた外国人は、仰天し、腰を抜かさんばかりに驚いた。生物など生息していないだろうと思っていたその小さな島は、まさに黄金の島であった。

神話から脈々と途切れることなく続く皇室、皇族の存在、卑弥呼によって島のすべては見事に統治され、島のあちこちに建つ卑弥呼の見事な美しい神殿。ボロ船で少し

行けばそこには目を見張る琉球王朝が広がっている。

ギャハーこの島は一体何だ！　それを聞きつけた次の探検隊がまたボロ船に乗ってやってくる。するとそこには「平安王朝」が繰り広げられていて、彼らは腰を抜かす。すべて「金」で創られた建造物を見て、ウヒャヤヒャヤヒャー、一体これは何だ！　初めて金の建造物を見た彼らはもはや言葉を失い、腰を抜かした。帰った彼らはそれらを人々に伝え、その伝説は徐々に広まった。東の果ての果てに小さな島があり、そこは黄金でできているらしい。行ったことも見たこともない人たちにまでそれは広まり「黄金の国、ジパング」と彼らに呼ばれるようになった。

外国の間で日本は「黄金の国、ジパング」と呼ばれていた。

豊かな森林、湧き出ずる豊かな美しい水。肥沃な土地。

水で思い出したけれど、もう二、三十年前になるけれど、熊本から来た若者がいたの。「ここの水ってまずいッスよ」「何言ってんのよ、ここの水は日本一おいしい水って言われてんのよ」（実際、わが町の水は日本一おいしい水だ、と自他共に認め、そう言われていました）

「いいや、おれんちの水なんてこんなもんじゃないっスよ。飲み水は全部川の水なんだから。水道なんかいらないっスよ。信じないなら熊本の水飲みに来てみたらいいっスよ、ほんとにおいしいんだから」

顔も名前も忘れてしまったけれど、彼との会話は今でもはっきり覚えていて、熊本の澄み切った水の光景や彼の家族が水道ではなくおいしい川の水を飲んでいる情景や、見たこともないのに彼の家まで今でも浮かんでくるの。若者が（当時は私も若かったの）二人して水のおいしい話を延々とする、っていうことが、今にして思えばずいぶん日本は恵まれた国なんだ、って当時は何も感じなかったけれど、水のおいしさを競い合う国が他にあるだろうか、と思うのよ。若者たちが。

近くに住むおじさんが「あそこの場所知ってるでしょ？　あそこ一帯にはこんこんと湧き水があふれ出ていた。それを五、六メートルも埋め立てて住宅にしてしまった。だからあの湧き水の上に建てられた家や病院は発展していないでしょ？　今でも」

「そう言われてみれば……」。おじさんは子供の頃から、こんこんと地下からあふれる水を飲んだり（これがまたおいしい水なんだって）、そこで遊んだりしたのに、夏でも冷たくおいしい豊富な湧き水をすべてコンクリートで埋めてしまったことに怒っているの。私の近所に一ヶ所だけ残っている。地下からあふれるようにコンコンと水が湧いているの。不思議だなーと思って眺めているけど。

黄金の国、ジパングは、土地そのものがすばらしい国なの。今では中国人が広大な森林をあちこち買いあさっているけど。黄金の国、ジパングに似せて、世界は創られている、つまり世界のひな型は日本だっていわれているの。

もう少し辛抱して聞いて。またここへ戻ってくるから。

火神カグツチ（注・火のエネルギーのシンボル）は核戦争を起こし、その核ビーム戦争のあまりのすさまじさで自分の母であるイザナミは死んでしまった。息子の起こした核ビーム戦争で妻のイザナミを亡くしたイザナギは、日本国を荒廃させ、イザナミを死なせた息子カグツチに激怒し、カグツチを斬った。一つの文明を終焉に追い込んだ核戦争を起こしたカグツチを、わが息子ではあったけれど、十拳《とつか》の剣で斬り、殺した。

荒廃し切った地上をもう一度夫婦二人で立て直そうとして、イザナギはイザナミのいる黄泉《よみ》の国を訪ねる。イザナミは「お気持ちはよくわかります。しかしわたくしはもう黄泉の国のものを食べてしまいました。わたくしも帰りたいのですが、黄泉の国の神と話し合ってみますから、その間わたくしのことを決してみないでください」と言った。

イザナギは待ったが、いつまで経ってもイザナギが出てこないので、つい中をのぞいてしまう。そこには何と、うじに身体中をたかられ、八匹のヘビが身体に巻きついたイザナミの姿があった。霊界の地獄のさまである。

見られたことを知ったイザナミは「おぬし、決して見るなと言ったのに、見てしまったな。逃がしてなるものか、追え！　追え！　皆の者追ってつかまえるのじゃ！逃がすでないぞ！」と叫び、同じように身体中うじだらけのヘビを身体にまとった連中が、鬼の形相でイザナギを追いかけてきた。もう無我夢中で恐怖に顔を引きつらせてイザナギは必死で逃げた。イザナギとイザナミが夫婦に戻ることは二度となかった。

かくして超古代文明、太平洋の中央にあった黄泉島《よもつしま》、ムー大陸は核戦争によって太平洋の海の底に沈んだ。

その後も人間は核戦争を止めることはなく、超高度文明を誇《ほこ》っていたアトランティス大陸は人間が核戦争を起こしたため、南の島の海底深くに沈んでしまった。

南の島の海底深くに、立派な神殿跡らしきものが発見されたとニュースで言い（私もそれをテレビで見たが、石でできた巨大な建造物であった）、その巨大な石の建物らしき跡を写し出していたが、そこかもしれない。とにかく、アトランティス大陸は、人間が起こした核戦争で、南の海に沈んだ。その後のシュメール文明も、核戦争によって滅んだ。旧約時代のソドムとゴモラの町も核戦争で滅びた。金星や火星や木星、月も、かつてはそこに住んでいた連中が核ビーム戦争を起こし、草木一本生えない無人の星にした。

神話の時代、神々の争いと闘争は絶えず、邪神、悪神が大活躍。邪神、悪神が大活躍なら地上に住む人間もまた悪に染《そ》まり、権力闘争、陰謀、策略、人民の心は悪に染まり、目も当てられない状態であった。黄泉島（ムー大陸）を海に沈めるほどの人間と、その人間によって神々と呼ばれた、これらの正体はただの人間に過ぎない者どもであるが、これらの人間、ただの人間に過ぎないが地上の人間に神々と呼ばれた者たちの想念は、乱れに乱れ、腐れに腐れ、古事記の時代には人類絶滅の危機を迎えている。

人類史を語るには、堕天使ルシファーにまで遡らなければ今日の天皇家のことなど真に理解することはできない。

霊なる神によって創造された、水晶で創られた水晶色に美しく輝く惑星に天国人として天使と共に兄弟として暮らしていたルシファーは、神が霊であることをいつの間にか忘れ、いつまで経っても姿を顕さない神に、「我々が神になろう、我々が宇宙を支配する者になろう、神はどこにもいない、神ははじめからいなかったのだ。我々こそ神だ！　人間（当時は霊体という本来の姿で生きていた）こそが神なのだ！　人間は神だ！　我々が宇宙を支配する者となろう」とそこに住む天使たちを誘惑し、ルシファーに付き従った多くの天使たちが、傲慢《ごうまん》という想念の曇《くも》りを持ったため、もはやその世界にはいられず、自ら彼らは堕ちていった。

堕天使の神に対抗、神への反逆、自らを神とするその姿勢はこのときから億々万劫のときを経た今日まで何ら変わることはない。天界は、霊界は想念の世界である。

霊なる神の霊と光によって創られた人間は、霊体で生きるのが本来の姿であり、「愛」の想念しかない世界であった。神になろうとしたルシファーとそれに連なる者たちは、悪の想念を使い、さまざまなものを生み出した。「神となりたい者生まれよ！我に従う者生まれよ。我は神なり、我こそが唯一神なり」霊なる神の霊と光によって創造されし者であることを忘れ、それを否定し、ルシファーは神となった。

想念で創り出した邪神、悪神、霊体で生きる者は一瞬でどこへでも行ける。宇宙の果てまででも、そこへ行きたいと心で思うだけで、一瞬でそこへ行く。あれがほしいと心で思うだけで、すぐさまそれが目の前に現れる。霊なる神の霊と光によって創られた当初、肉体はなく、想念だけの世界であった。言葉も必要なく、ただ想念だけの世界である。霊なる神が、星々よ生まれよ！と言われれば、水晶でできた惑星が生まれる。地球に海よ生まれよ！さまざまな魚よ泳げ！と言われれば海ができ、魚が泳ぐ。想念の世界である。もともとは。

ルシファーたちによってさまざまな悪がはびこり出した。人間に過ぎない邪神、悪神が生まれ、宇宙の混乱が止むことは、堕天使ルシファーが生まれて以来、一度もなかった。完全霊体で宇宙で戦争を起こし、核ビーム戦争でいくつもの惑星を粉々にし、あるいは人間の住めない草木一本も生えない泥土の惑星にし、ルシファーによってあまりに悪が増え、傲慢人間が増え、神になりたがる人間が増え、自他共に神々と呼ぶ者が増え、愛が冷め切った人間が増えすぎたため、本来霊体で生きるべき人間に、霊なる神は肉体を与えられた。

「肉体をもって修行をし、愛を取り戻しなさい。愛に立ち返りなさい。私の霊と光によって創られた者たちよ。争いを止め、憎み合いを止め、殺し合うことを止め、霊なる神であり、あなたたちを創ったこの霊なる私に立ち返りなさい。私は霊であり、万物の創造主であり、宇宙の創造主であり、私は殺す者ではなく生かす者であり、愛である。私に立ち返るようあなたたちに私は肉体を与える。愛であり、霊である私に立ち返りなさい」

この霊なる神の願いも虚しく、ルシファーが改心することはなく、霊なる神と同様、自ら肉体をもって現れることは決してなく、霊なる神が人間を遣われるように、ルシファーも見えない所から人間を操り続けた。

よって宇宙核戦争は超超超古代からあり、自ら神と名乗る神々の戦いはとどまることなく、アダムとイブはルシファーにそそのかされ悪魔に従う人間となり、人間が知り得るのはギリシャ神話、古事記、アダムとイブ、そこまでである。

私が語っているのは、名も無き惑星の頃のことであり、水晶で創造された三つの水晶色に輝く美しい惑星のことであり、後に人間から太陽、月、地球と呼ばれるようになった惑星のことである（すべての惑星、すべての星々は水晶で創られていることは、私の著書『預言の書』に詳しく書いた）。

ルシファーが仲間を引きつれ堕天使となった頃の三つの惑星、この太陽、月、地球は、名も無き、水晶で創られた水晶色に美しく輝く水晶世界であった。ルシファーが堕ちて以来、闘争、虐殺、殺人、妬み、嫉妬、羨望、裏切り、嘘、欺瞞、偽善、残忍、残虐、権力闘争、ありとあらゆる悪が、地上にも宇宙にもまん延し始めた。

完全霊体であった彼らは、乗り物など必要とせず、宇宙のどこまででも一瞬で行くことができた。人間世界は想念の世界である。肉体があるため、移動は電車や車や飛行機やら、巨大宇宙船やらに乗らねば移動できないが、霊体の世界は、何も乗り物など必要とはしない。想念だけの世界である。言葉も必要なく、宇宙のどこまででもそこへ行きたいと心で思うだけで一瞬でそこへ行け、相手が何を考えているかも言葉の必要はなく、想念だけで考えを読める。

肉体があるから遠くへ行くために乗り物を必要としているが、霊体（本来の人間の姿）の場合、そんなしちめんどうくさいことは必要ない。「ヒマラヤ聖者」と呼ばれる人たちが今この地球上にいるが、彼らは一瞬でどこまででも自分の行きたい所へ行き、人間の前には肉体を持った姿で突然現れたり、また一瞬で人間の前から姿を消し、想念でどこかへ行ってしまったりする。イエス・キリストが十字架で殺されたあと、人間の姿をして弟子たちの前に現れる。死んだはずのイエスが人間の姿をして弟子の前に現れ、彼らに語りかける。弟子たちは驚き、仰天して腰を抜かさんばかりとなり、そののちイエスは霊体で天の国へと往く。

その現象を彼らは「イエスの復活」と言った。「私はまた来る」とイエスは言ったが、実に二千年の時を要した。イエスが再び肉体を持ってこの地上に顕れるまでに。

要は、人間が本来の霊体で生きていたときから、ルシファーが堕天使となったときから宇宙戦争をやり、「核ビームよ現れよ！」と心で思うだけで、惑星を粉々にし、あるいは草木一本も生えない核ビームが現れ、彼らは飽くことなく宇宙核戦争、宇宙間虐殺戦争、権力闘争、惑星乗っ取り戦争、これらを繰り返し、今日に至る。違うのは私たち人間に霊なる神が愛を取り戻すために肉体を与えられたことと、ルシファーに操られないために、正しい真理を人間に説き、教える天使、天の使い、霊なる神の使者を今日まで絶えることなく地上に送り続けられたことである。

釈迦は八万四千の法を説き人間を正しい道へと導き、イエス・キリストは神が「霊、聖霊」であることを神が「愛」であることを地上の人間に教え説くために地上に顕れた。しかし、ルシファーに操られた人間たちによって十字架で殺された。

人間は、ギリシャ神話、古事記、アダムとイブまでしか知り得ない。

アダムとイブの物語を決してあなどってはならない。

禁断の実を食べるようそそのかしたのはイブである。女に気を付けなければならない。フィリピンのマルコス大統領の首根っこをつかまえ、自由に操ったのは妻のイメルダである。市民から税をまき上げ、国民をかえりみることなくその税で妻がぜいたくの限りを尽くした末、二人共追放の憂き目に遭い、マルコスは逃亡先で死去。ルーマニアのチャウセスク大統領も妻に首根っこをつかまれ、操られ、国民の税をわがもの顔に自分のものとし、妻のありとあらゆるぜいたく三昧によって、国民から二人とも哀《あわ》れにも射殺された。

王妃マリー・アントワネットは、国民の税で、国民が飢えに苦しんでいるというのに、ぜいたくの限りを尽くし、国民によってギロチンで殺された。

現在、エジプトのムバラク大統領夫妻と家族は国民の怒りを買い、国外へと逃げたが、何と、六兆円近い金を持って逃げた、とテレビニュースが伝えている。国民の怒りのデモによる死者三百三十五人。

チュニジアで貧しい国民が打倒大統領で立ち上がったのがそもそものきっかけで、現在のリビア、カダフィ大佐追放・打倒で現在死者千人を超えるデモとなり、収拾のつかない大混乱に陥っている。チュニジアの大統領の国民からの追放の後の隠し財産をテレビ朝日のニュースで公開していたが、巨大な本棚の裏に、ここは銀行か？　と見まがうばかりに札束がびっしり。

王妃が身に付けるような、値も付けられないような妻の装飾品、豪華けんらんのネックレス類が数知れず。全部女が身に付けるものばかり。クレオパトラやマリー・アントワネットが首を飾ったような値も付けられないネックレスや装飾品がごっそり。「これは一体どう言えばよいのでしょう」とはため息をつきながらのニュース・キャスターの弁。チュニジア大統領のこの隠し財産の金額、数兆円以上と言っていた。

国民から追放され逃げたが、国民の怒りは、これらを持っていく暇もないほどにすごかったのか？　それとも家族が一生困らず暮らせる金を持って逃走、亡命したのか。残された物はすごいがその点は定かではない。とにかく国民に追放されたことだけは確かである。

チュニジア、エジプト、今リビアのカダフィ大佐の資金凍結を行う、とアメリカが言っているとニュースが伝えた。

女に、妻に首根っこをつかまれ、妻の言いなりになり従わされ、危険な状態にある者がこの日本にもいるが、名前を言えないのがつらいところである。非常に危険である。本人たちは「へ」とも思ってはいないだろうが。

大混乱に陥っているリビアのカダフィ大佐一族、もはやリビア軍は反カダフィになってしまったため、他国の人間たちを金で雇い、リビア国民に発砲、爆撃を加え、死者千人以上ともいわれる。町は破壊され、多くのリビア人がエジプトへ逃れ、難民となっている。自国のトップが自国民を平気で殺す。アメリカに次いで、イギリスもカダフィ一族の資産凍結を表明した。カダフィ一族の総資産、一兆三千万円とも。

他国のことを私は言っているのではない。この日本国がこれからどうなるかを言うのである。天皇家がどうなるか、である。

平家の落人だった私の祖先

祇園精舎《ぎおんしょうじゃ》の鐘の声、諸行無常《しょぎょうむじょう》の響あり、沙羅双樹《しゃらそうじゅ》の花の色、盛者必衰《じょうしゃひっすい》の理《ことわり》をあらわす。
驕《おご》れる者久《ものひさ》しからず、
ただ春の夜《よ》の夢の如し。
猛《たけ》き人もついには滅《ほろ》びぬ、
ひとえに風の前の塵《ちり》に同じ。

（角川書店『平家物語』角川ソフィア文庫より）

わが家の祖先は平家の落人だそうである。母の一番下の弟、つまり私の叔父が、必死で家系図を調べていたところ、平家の落人であることがわかった、と言っていた。これを他の叔父たちはとてもいやがる。私には思い当たることがたくさんある。物のない時代、戦後の自給自足の生活であったのに、家具などほとんどない所の床《とこ》の間に、でんと立派な刀がうやうやしく（幼い私にはその刀がうやうやしく見えた）鎮座していた。

まるで切ったはったの腰刀《がたな》を今にも抜かんばかりのまるでそれを楽しむかのような親族同士の争い。慈悲深い祖父であったが、一度本気で床の間に鎮座している刀を抜いたことがあった。まるで武士である。私の一族は一体何なのだろう、と子供の頃からずっと思っていた。

今でも三人の叔父たちには、会うと必ずきちんと正座をして両手を前について「御無沙汰をいたしております。叔父上様、お元気でいらっしゃいましたでしょうか」。もう何十年も、そして今でも会うときはきちんと正座、両手を前につきおじぎをし、それからごあいさつ、としつけられてきた。母の弟の叔父たちにである。もちろん必ず今でも敬語を使う。

妻である叔母など、もう嫁に来て半世紀以上も「お父様、いかがいたしましょうか、お父様これでよろしゅうございましょうか、お父様今日は暑うございますから、一枚お脱ぎなさいませ」（そう言って脱がせてやる）今現在もこのような会話であり、「お父様、お母様」それに敬語は私にとっても当たり前であり、普通のことである。

美智子皇后が皇太子妃であった頃、海外の船の中で「きれいねー」と皇太子であった天皇に話しかけられているのを聞いて、私は仰天した。一般庶民である叔母だって、夫である叔父に対して、「きれいねー」などとは決して言わない。「きれいですねー、お父様」である。それを聞いてしまって以来、私は美智子皇后を尊敬しなくなった。

海外へ行く度、美智子妃であった頃の衣装代が一週間で一千万円と聞いて、（皇太子は百万ぐらい）ますますどうなっているのかと思った。当然ベストドレッサーと一時世界中からもてはやされた。これ国民の税金では？

私は右翼でも左翼でもない。中間から物事を見ている人間である。

皇居のお茶会などに招待されても、会うつもりなどまったくない。しかし昭和天皇と秋篠宮にばったり出くわし、いながらにしてばっちり見られる者などおそらく私ぐらいのものだろう。昭和天皇には大分県の日田市で、秋篠宮には私の住むこの町で。

秋篠宮は振り返り、そこにいた私の目をじっと見つめた。他にも人は大勢いるのに、私を見つめ、目を離さない。

「これがテレビで見ていた秋篠宮か」と思いながら私もじっと見る。お互いにじっと見つめ合ったまま数分が過ぎた。大分で、「これが昭和天皇か」と思ったが、それはテレビでしか見たことのない人が目の前にいるのだから興味津々である。

招待されて皇居のお茶会に行っているのに、しかも読者からの天皇、皇后への感謝が書かれたハガキをコピーしてポケットに忍ばせ渡そうと張り切って皇居神殿へ行ったのに、侍従から「どうぞ天皇陛下とお話しください」とわざわざセッティングしてもらったのにKさんは、「アワワワワ〜〜〜」となってその場から脱兎の勢いで逃げ出す。

「ねえ、何で逃げるのよ！　ちょっと、あの逃げ方普通じゃないけど、なんでワワワワ〜〜〜ってすごい形相で逃げたりすんのよ。信じられない。天皇陛下があなたを取って食うわけないのに。しかも天皇論やら書きまくって、この日本国中の者を天皇を敬う者ばかりにする!!　と壮大な計画を持っている人が。まったく信じられないよ」。そしてあげく「わしゃあのとき逃げたのは間違いだったか、それとも正しかったか」などとぐじぐじ思い悩む。どうかしているんじゃないの。

私ゃ招待などされなくてもばっちり目の前で、しっかり昭和天皇と秋篠宮に会って、秋篠宮とは数分間もじっと見つめ合ったよ。

このことで私は自分の祖先が平家の落武者であることをしっかり認識した。偶然ということはあり得ないから、必然にこの二人に会わされたのだと思う。

「昭和天皇と秋篠宮に会ったのですよ」「それがうちとどういう関係にあるのかい」

「下の叔父様が家《うち》の先祖は平家の落人と言っておられたでしょう?」

母と叔父と叔母がその場にいたが、平家の落人と言ったとたん、三人共沈黙した。異常にプライドの高い家の家族は、もう平家の落人というのが我慢ならないのである。聞きたくもない言葉なのである。歴史に残る落武者なのだから、私は別によいと思うのだが。以来、平家の落武者のことは口にしないことにした。事実は事実なのだが、まあいい。

平家物語によると、

「清盛はまた、白河院（法皇）の実子であるとも言われた。ある五月雨《さみだれ》の夜、白河院の供をした忠盛（清盛の父）は、妖怪《ようかい》を老法師《ろうほうし》と見抜いた褒美《ほうび》に、院の愛人、祇園《ぎおん》女御《にょうご》をいただいた。このとき、女御《にょうご》はすでに妊娠していて、生まれたのが清盛だった。清盛の名前は、白河院が忠盛に与えた歌から付けられた」

「夜泣きすと、ただもり立てよ末の代に、清く盛ふる事もこそあれ」

（いくら夜泣きしても、忠盛よ、ただ守《も》り立てて、大事に育てよ。成長したら、清く盛《さか》んに栄えるだろうから）（前掲『平家物語』より）

つまり、悪名高き平《たいらの》清盛は、平《たいらの》忠盛の本当の子ではなく、白河院（法皇）と法皇の愛人との間に生まれた子である。平清盛の先祖を調べると、桓武《かんむ》天皇に行きつく、と書いてある。つまり天皇の血を引いた一人であり、その悪行、冷徹は日本国中にとどろくものであり、そのために、平家追討、平家打倒の院宣《いんぜん》を源氏に与えたのは、ほかならぬときの後白河院（高倉天皇の父）であった、と。

はっきりと書いてあることは、源氏と平家の戦いは、純粋に源氏と平家の戦いではなく、時の国家権力である天皇家によって源氏に平家追討、打倒を命じられたものであり、その最後の戦いによって平家は破れた（高倉天皇の皇后は清盛の次女。名は徳子。安徳天皇の生母。清盛は強引に高倉天皇を退け、まだ三歳の安徳、わが孫を天皇にした）。その清盛の妻、二位殿《にいどの》は孫である安徳天皇を抱きかかえ、八尺瓊勾玉《やさかにのまがたま》の小箱を脇に抱え、宝剣を腰に差し（三種の神器はその当時平家が所蔵していた）、付き従う者たちと共に、平家の負けと共に、海に飛び込み死んだ。

壇《だん》ノ浦合戦の時、清盛はもう病気で死んでいないが、この入水《じゅすい》のときの描写が実に泣ける。

「二位殿（清盛の妻）は、日ごろから覚悟していたことなので、喪服用の灰色の二枚重ねの衣を頭にかぶり、練り絹の袴《はかま》の股立《ももだち》を高くとって、八尺瓊《やさかに》勾玉の小箱を脇に抱え、宝剣を腰に差し、天皇を抱《だ》いて、

〝わたくしは女であるけれども、敵の手にはかかりませぬぞ。陛下のお供をいたしま

す。忠誠を尽くそうと思う方々は、急いで後に続きなさい〟と言って、船ばたにしずしずと歩み出た。

安徳天皇は、今年八歳になるが、年齢よりも大人びて、端麗《たんれい》な容貌《ようぼう》はあたりも照《て》り輝くほどであった。豊かな黒髪は背中まで垂《た》れていた。天皇は見るもいたわしい様子で、〝一体尼ぜ《あま》（二位殿）わたくしをどこへ連れて行くのか〟と尋ねた。

二位殿は、幼君《ようくん》に向かい、涙をはらはらと流して、〝君《きみ》はいまだ御存知ありませんか。前世《ぜんせ》のよい行いによって、この世で君は帝《みかど》（天皇）にお生まれになりましたが、悪縁のために御運がお尽きになりました。

まず、東に向かって伊勢大神宮（皇室の祖先神）にお別れなさいませ。それから西に向かって、浄土にお迎えいただけるようお念仏をなさいませ。この国はいとわしい辺地の小国です。あの波《なみ》の下には極楽浄土というすばらしい都がございます。そこへお連《つ》れいたしますぞ〟と、心こまやかに慰《なぐさ》めると、山鳩色（青黄色）の衣をつけ、髪をみずらに結い上げて、顔を涙でいっぱいにしながら、小さなかわいい手を合わせ、まず東に向かって伊勢大神宮、正八幡宮にお別れし、それから西に向かってお念仏を唱えたので、二位殿は、すばやく天皇を抱きかかえると、〃波の下にも都がございますぞ〃と慰《なぐさ》めながら、海底深く沈んで行った。（こうして、まだ八歳の幼帝、安徳天皇は海底の水屑となってしまった）」（前掲『平家物語』より）

どうにもここの所を読むと、涙が出てしまう。辛辣《らつ》なことばかり言ったり書いたりしているが、どうもここに来ると涙なくしては読めず、語れずで鬼の目にも涙である。何が「波の下にも都がございますぞ」だ。嘘ばっかり、このクソババアが。自分だけ死ね!!

おもしろいことが書いてある。

「さて、二位殿の執念はすさまじい。皇室と平家とには君臣の壁があり、幼い天皇を道連れにするとは、分を越えた横暴である。

彼女には天皇ではなく、ただの孫でしかなかったのだろうか。それとも、霊界で平家の再興をはかる気だとしたら、夫の清盛以上に恐《こわ》い女性である。そういえば、死の床にある清盛に、遺言を求めたのは彼女だった。

平家の運命を主導したのは清盛ではなく、彼女だともいえそうだ」(前掲『平家物語』解説より)

だから私は先ほどから言っている、女は怖いから気を付けなさいよ、と。世界の権力者たちが女房に首根っこをつかまれ、今どんどん引きずり降ろされ、追放され、あるいはルーマニアのチャウセスク夫妻のように、国民から射殺されるという憂き目に遭っている。

トップの裏に妻ありであり、権力者の裏にこれまた妻ありなのである。夫にまかせておけばよいものを、出しゃばり、口出し、支配し、トップになる力を持った男さえ、ワヤ(だめ)にし引きずり降ろしてしまう悪妻がごまんといるのである。女の浅はかさは恐ろしい。

祈りとは、祈るに値しない自己を発見する行為

ここから先は私の考えである。

日本人は、天皇家の陰謀に今日まで気づかずにきた。それは長い歴史のせいでもあるが。三種の神器《じんぎ》はスサノオの持ち物である。

スサノオが生きていた時代、もうすでに時の権力者、我こそは神という、神となり権力をほしいままにしたい連中によって、スサノオの三種の神器の偽物が造られていた。偽物があちこちにあるのは今に始まったことではない。スサノオが生きていたとき、もうすでに偽物は創られた。スサノオは人民から搾取《さくしゅ》した上に成り立っている特権階級を毛嫌いし、当時贅《ぜい》を極め、今風にいうならば、マリー・アントワネットのようであったオオゲツヒメを激しく非難、批判、弾圧した。

人民から搾取し、人民がどれほど苦しんでいようが権力をほしいままに維持したい

者、贅の限りを尽くし、神殿に住み、神々と呼ばれたい者、国家権力の長として人民を支配したい者、何よりも自分が神になりたがった者にとってスサノオは、追放に値する人間であり、国家権力者にとっては名を聞くのもおぞましい、消えてほしい人間であった。

「我こそは神、我こそは国の最高権力者。すべての国民の頂に立つ者」、こうして初代天皇は生まれた。天皇は人民から搾取し、権力闘争、戦争、大量虐殺の度に人民が飢えに苦しもうが、ただ自分たちの権力、我よし、我こそは神、贅の維持をし、真に国民を思う天皇など一人もいなかった、と私は思う。

私ははっきりと言いたい。真に、国民を憂《うれ》い、国民のために働いた天皇など一人もいないのではないか、と。もし今、それをやる天皇がいたら、それは偽善である、と。あくまでも自己満足に過ぎない。

三種の神器の本当の持ち主はスサノオであることは天皇家をはじめ、日本国民すべてが知っていることである。ではなぜこの持ち主のスサノオを天皇家の始祖としないのか。どうでもよい、三種の神器の持ち主でもないアマテラスなど、あたりさわりのない者を始祖として祭ったりするのか。

陰謀が、天皇家始まって以来、最初から存在するのである。国家権力の長、我こそは神なり、贅と権力維持のためにはスサノオはまずかった。ちょうど、ローマ・カトリック教会が、世界の頂点に立ち、我こそは神、と民衆から恐るべき額の金を巻き上げ、神として頂点にい続けるにはキリストのいちばん弟子であったペテロではまずぎたように。

今日のローマ・カトリック教会の教皇二百六十五代のうち、ペテロの名を名乗った教皇は一人もいない。権力、神、財、それを維持するためにはペテロは邪魔者でしかない。ペテロの代わりに、どうでもよい〝聖母マリア〟を人々に信仰させた。マリアはキリストの母というだけで、教えの一つも説いてはいず、奇蹟の一つも起こしてはいない。まったくただの人である。

はじめからローマ・カトリック教会が大いなる罪を犯し、現在も犯し続けている証拠に、彼らはペテロの「ペ」さえ口にはしない。マリアである。

天皇家の罪は、原始天皇から始まり、現在も続いており、三種の神器の本当の持ち主の、スサノオの「ス」さえ口にはしない。どうでもよい、アマテラスである。ローマ・カトリックの罪と、天皇家の罪は実によく似ている。わずか六十五年前まで昭和天皇は「現人神《あらひとがみ》」であった。戦争に負けたからといって急に「人間」になるなどおかしな話である。

霊体、肉体を持った者はただ一人も神などではない、と私はずっと言い続けてきた。ここに天皇家というものを表す最もいい言葉が書かれている。

イギリスのウイリアム王子の結婚式に皇室の誰が行くべきか、行かないかで今世間が騒いでいるときである。

「天皇が皇太子のご出席にこだわられたのには、深いわけがある。

『(今の)天皇陛下は、十九歳の時にエリザベス女王の戴冠《たいかん》式に出席されています。その時、〝自分は変わった〟、つまり皇位継承者としての自覚が深まったという思いを強くお持ちのようです。だから皇太子も、これを機会に英国王室の大事な儀式を経験すると良いというご意思を示されたのです』

エリザベス女王の戴冠式があったのは一九五三年。まだヨーロッパでは〝敗戦国、日本〟のイメージが強く残っていた時代だ。

『当時は船旅ですから、三月に横浜港を出発されて、六月の戴冠式に備えられました。昭和天皇の名代としてのご出席は、まだ成年前の陛下（前皇太子）にとって、たいへんなプレッシャーであったはずです。しかしダービー見学に女王自ら同行するなど、英国王室は皇太子を歓待しました』（宮内庁関係者）」（週刊文春の平成二十三年二月十七日号より。（　）とルビは引用者による）

私は仰天し、そして激しい怒りを覚えた。日本国中焼土と化し、（アメリカの）B29の焼夷弾が日本国中に雨あられと降り、地上は焼けこげた人の死がいの山と化し、数え切れない若者たちが「天皇陛下ばんざい！」と言って戦場に散り、「靖国神社で会おう」と言って互いにかけらほどの希望で励まし合い、「お国のために戦う」と言って彼らは赤紙で強制収容され、天皇を批判する者は捕えられた。

沖縄はアメリカ軍との地上戦でいまだ傷はいえず、広島、長崎の原爆投下で、今なお身体と心の傷はいえてはおらず、あの日本全滅かと思われるすさまじいアメリカとの戦争から、わずか八年しか経っていない。日本国民の誰一人もまだ立ち直ってはいず食料もなく、バラックの屋根で雨露をしのぎ日本国中孤児があふれ、その前の一九三九年から日本には孤児がたくさんいた。

孤児たちの施設を造るために、日本に来ていたコルベ神父が、資金集めのために自国ポーランドへ帰り、そこでナチに捕まり、収容所へ送られた。一人が脱走すると脱走しなかった二人が一緒に殺されることになったが、一人の男が「おれは死にたくない！　おれは死にたくない！　おれには妻も子もいる。おれは死にたくないわめいたため「私には妻も子もいない、私が代わりましょう」とその男の身がわりとなって殺されたのがコルベ神父である。終戦前からコルベ神父は日本にいて、日本の孤児の世話をしていた。

日本がアメリカとの戦争でずたずたの状態であるというのに、昭和天皇は国民をかえりみるどころか、十九歳のわが子を、権力維持のために、わが後継者を育てるために、イギリスへ行かせたのである。のほほんと（戦場に散った無数の若者は野ざらしのまま放置され異国の地で骸《むくろ》と化しているのである。わたしにはのほほんとしか映らない）日本国民の苦しみを尻目に、海外の人々からは「まだ敗戦の色濃いはずなのに？」とほとんど呆れられていたと私は思うが、これで皇位継承の自信がついたなどと思っていたわけだ。

はっきりと私は問う。天皇家の者は真実日本国民のことを心配している者はいないのではないか。もしそのような行動があれば、それは偽善である。

母のすぐ下の弟は二十七歳でビルマ（現ミャンマー）で戦死した。私が五歳のとき、敗戦後五年も経ってから、知らない人がうやうやしく木箱を持って訪ねてきて、その木箱の中にはひからびた人間の指が一本入っていた。

叔父を二十七歳の若さで戦場で失った私にも皇室に対して物を言う権利はある。あなた方はなぜ靖国神社に参拝しないのか、と。もう偽善は止しなさい、と。

天皇、皇后も日本国民のために日々祈っている、と言う。ローマ法王も、人類のために日々祈っているという。

よいだろうか、よく聞いてほしい。

「祈りとは、祈るに値しない自己を発見する行為なのである」

自己を正さずしていくら祈ろうが、その祈りには何の価値もない。その証拠に、ローマ法王の祈りが世界に平和をもたらしたか？　天皇、皇后が祈り続けたその祈りが、地上から戦争を失くしたか？　答えは明らかである。これが私の持つ天皇論である。


しかしこの世には〝しかたのないこと〟がたくさんある。そしてこの世は矛盾に満ちている。

もしローマ・カトリック教会が存在しなかったならば、キリスト教はここまで浸透しなかった。ヨハネ・パウロ二世の前の法王は、内部対立、権力闘争の末、毒殺されたという説もある。次に法王になったヨハネ・パウロ二世はポーランド人であったため、身の安全を守るため、すべての側近をポーランド人で固めた。

どのような人が何をしたとしても、ローマ・カトリック教会の存在は「しかたのないこと」なのである。

どのように神と権力の維持のため、たとえ始祖とすべきスサノオをないがしろにしてアマテラスなどという大罪を犯した天皇家であっても「しかたのないこと」なのである。

そろそろ黄金の国ジパングに戻ろう。

『神への便り』のはずがまたまたいつものように大きく脱線してしまった。霊なる神についても（途中で私は気が付いたが、霊なる神様、霊なる神様、と私が言っていることを幽霊と思う人がいるのではないか、と、はっと思った。私が幽霊に手紙を書いていると。あーあ、ため息）前著を読んでもらうのが一番いい。前著の続き、続編のような気が私はしてきた。前著『預言の書』をぜひお読みください。

本書でも「まえがき」とやらを書くつもりではあるが、それでも霊なる神と人間との深い関わりを知るためには、まえがきには書ききれないので、詳しく知りたい人にはやはり前著を読んでもらう以外にはない。私が決して幽霊に手紙を出しているのではないことを知ってもらうためには——。

大きく脱線してしまったが、真実を伝えるためであるならば、霊なる神も「頑張れ！　頑張れ！　そうだ、思いのたけを書くのだ！」と許してくださる。「愛」と「許し」の神なのだから。真実を告げるためなら、である。

日本人が思ってもいない国が、日本の国土を引き裂く

私は先ほど太平洋戦争で叔父が死んだのだから私にも皇室に対して物言う権利がある、と書いたが、明治、大正、昭和初期にかけて出口王仁三郎という人がいた。現在の生長の家、世界救世教、神慈秀明会などの創設者（初代）は皆この王仁三郎師の弟子であった人たちである。大本教主、出口王仁三郎師は、天皇への批判を書いたとして時の権力者らによって二度投獄されている。捕まって牢屋に入れられたのである。

何年も、そして二度までも。太平洋戦争のさ中、「日本は必ず負ける」とか敗戦の戦争終結後「火の雨はこれからじゃ」「ガイコクが日本をワヤ（だめ）にする」とかいう予言を残した人である。

二度の投獄を味わって以来、たとえ皇室について言いたいことがあっても、二度と皇室批判をすることはなかった。

日本人が遠慮しながら、気を遣いながら、ボソボソと遠くで聞こえないように皇室について言い始めたのは、わずか六十五年前からである。今でさえ、堂々と悪口を言える者はいない。言うときも皆非常に気を遣いながら言う。

国家権力の最たるもの、皇室の批判をかけらも許さず投獄の憂き目にさえ遭ったこの日本国の歴史は、国家権力の恐ろしさ、恐怖は、北朝鮮などと何ら変わらない日本国皇室の姿ではなかろうか。神になりたがり、権力で国を支配するという皇室の始祖から始まったこの国の歴史は、権力支配と堕落とによって総くずれとなりつつある現在において、もはや維持することは不可能なのである。

首根っこをつかまれて女の浅知恵によって支配された権力者の末路を我々は今日の

前で見ているのである。

ローマ・カトリック教会も、皇室も、総くずれの運命の時がやってくる。

ローマ・カトリック教会が信者から集めた莫大な資産を使って、アフリカの飢えて死ぬ子供たちを救うのは、いとも簡単なことである。権力者たる自分、神である自分の顔を見せさえすれば国民は喜ぶとでも思っているのか。真にやるべき救済は一切しない。莫大なあり余る金を貯蔵《ちょぞう》しながら、飢えて死ぬ子供の救済など一切やらない。顔見せだけである。なぜならば、我こそは神であり、一切衆生《しゅじょう》のトップに立つ権力者だからであろう。

日本の皇室も、神殿に有象無象の芸能人やらをどさどさ招いてお茶会を開く暇があるならば、北朝鮮へ行ってら致被害者たちを救い出しに行く方法でも考えてほしい。もちろんあの敗戦後は国の象徴としての存在となり、政治に関われなくなったのはわかっているが、北朝鮮は金で動く国である。日本国民の税をもって、天皇家が自国民の救済の方法を提案してはどうか。

始祖から権力と神しかない、はじめから陰謀に満ちた歴史の中で、神事などをどれほど熱心にやったとても、何一つ霊なる神に届くことはない（その証拠を、私は次の著書『神からの伝言』に書いた。なぜ日本が前古未曾有の大災害を受けねばならなかったのか、次の著書を読んでほしい。そして、日本がこの災害で終わりではないこと も）。神事の行事などやっても無駄である、と私は思っている。日本行脚《あんぎゃ》をいくらしようと、戦場跡をすべて回ろうと、無数の骨が今なお残されているだけで、彼らはそこになどいない。これも無駄であり、ただのパフォーマンスと自己満足のみであると思う。

「政府がやらないなら私が考える!!」と言って日本国民のら致被害者をすべて救い出す方法を探ることに税を使うべきではないか。慰霊の気持ちが真にあるならば、靖国に参拝するだけで事は足りる。なぜ皇室は靖国参拝できないのか。政治問題が解決したら、ぜひ実現してほしい。

A級戦犯が祀られているからというのはへ理屈である。私は戦争に加担しなかったという言い逃れであると思う。「日本国のために戦う」「天皇陛下バンザイ」と言って死んでいった無数の若者たちは、靖国神社に皆祀られているのである。

K氏が天皇を論じる本の中で、「学習院はもっと愛子様を敬え!! 雅子様を敬え!! 学習院はもっと皇室を敬え!!」と叫んでいた。今日週刊誌を読んでいたらこう書いてあった。

「雅子さまは、もう学習院に来ないで!」という大見出しで、もう一年以上も付きそい、教室で一人授業参観、昼食は二人だけで他の生徒とは別、授業は二時限とか三時限とかから、自分の受けたい授業から出席する。休み時間校庭で皆と遊ぶ愛子様をじっと立って見守る。始業式には親子共出席しない。父兄総会にも欠席。ただ愛子様に毎日くっついて、教室で一人授業を見守る。このようなことがもう一年以上、毎日続いているという。このことについて皇太子は五十一歳の誕生記者会見で「毎日本当によく頑張っている」「並々ならぬ努力を身近に見ている」と答えられたそうだ。

教育コンサルタントの山本紫苑さんという人が、山本さんは自身のお子さん三人も学習院初等科を卒業していて、初等科を誰よりも知る人物、と書いてある。そんな山本さんも、最近の状況には心穏やかではないという。

「もし雅子さまの授業参観が続いているなら、畏《おそ》れ多いことかもしれませんが、そろそろおやめくださいと学校は申し上げてもいいと思います」

その理由として、次のように続ける。

「雅子さまが教室や校内にいらっしゃることによって、児童が緊張を強いられ、休み時間のときにも楽しみきれていないのではないかという心配を親としては抱いてしまうからです。先生も非常にやりにくい状況にあると思います」

教育コンサルタントでも何でもない、子供が学習院などには行っていない私が先に書いたことと、まったく同じことをこの方は言っておられる。子供にとって、教師にとって、これほどいやなことはないのである。しかも一年以上も、毎日。「○○か！」と私は書いてしまったが、たったこれだけの人の気持ちさえわからない人が、皇太子妃なのである。しかも夫である皇太子は「毎日よく頑張っている。並々ならぬ努力を身近に見ている」である。

K氏に言いたい。あなたは「学習院はもっと愛子様と雅子様を敬え!! 皇室を、もっと学習院は敬え!!」と激しい口調で言うが、これでも敬えと言うのだろうか。盲信ほど恐ろしいものはない。

何度も言うが、私は右翼でも左翼でもない。

お釈迦様の教えに八正道《はっしょうどう》というのがある。

①正見　真理に照らして正しく物を見なさい。

②正思　真理に照らして正しく物事を考えなさい。

③正語　真理に照らして、正しく物事を語りなさい。

④正行　真理に照らして、正しく物事を行いなさい。

⑤正命　真理に照らして、衣、食、住、その他の生活財は正しく求めなさい。

⑥正精進　自分が与えられた正しい使命、および、自分が目指す正しい目的に対して、正しく励み進み、怠ったり、わき道へそれてはならない。

⑦正念　仏と同じく、正しい心を持ち、その心を常に、強く、正しい方向へ向けて

いなさい。

⑧正定　真理に照らし、心を常に正しくおき、周囲の影響や環境の変化によって動揺することのなきようにしなさい。

お釈迦様の大切な教えの中の一つである。

また仏教の経本には「知らず知らずに犯した罪咎《つみとが》を懺悔《ざんげ》したてまつる」と書いてある。知って犯した罪よりも、知らず知らずに犯した罪の方が重い、という意味である。

核と生物化学兵器を韓国軍とアメリカ軍が韓国に配備、その威力を公開、アピールした、と今ニュースが伝えた。

米・韓合同訓練の場所に、核と生物兵器を搭載した軍機を数機配備した、と。どことかとの戦闘に備えて、だそうである。テレビの画面を見るともう戦争である。戦争まっただ中という様相で、軍機が飛び交っている。まさにもうこれ戦争一歩手前の、秒読み状態である。

これに北朝鮮が反発していると言う。アメリカは戦争を起こせばもうかる、という時代はとうの昔に終わったのである。わざわざアメリカから仕入れた核と生物化学兵器の威力を国民に（アジア諸国へ向けてだろう）どれだけその威力があるかを公開し、アピールしたそうである。もはや全滅ということをトップも愚民も知らない。トップは「我だけは助かる」と思っておるし、愚民は「他国のこと」と思っている。全滅、人類滅亡である。どうしてこうも人間というものは愚かな生きものであろうか。

自滅、人類自滅の時が近づいている。

助かる者など一人もいない。しかし、終わりはこの日本からである。私の前著『預言の書』を読んでもらいたい。そこに詳しく書いたから。これからどうなって何が起こるか、予言者であるから、前著を読んでもらいたい。そして次の著書『神からの伝言』も。日本に次は何が起こるかを書いた。助かりたい人はぜひ読むべき本である。

まだ時間はある。何年後の何月何日にそれが起こると決して書いたり言ったりしてはならない、と私は霊なる神から言われている。なぜならば、霊なる神が、その日、その時を、延ばしたり、短くしたりされるからである。おおよその時期はわかっている。まだ時間はある。私たちは警戒しながら、落ちついていなければならない。落ちつくことと「よその国の出来事」と思っていることは違う。すべての人間の頭上に振りかかってくるのである。

日本人が思ってもいない国が、日本の国土をずたずたに引き裂く。

もはや日本が二度と立ち上がることはない。黄金の国ジパングをねらっていた国は昔からたくさんあった。そういう意味で皇室は、天皇は、日本国を奪おうとする国々の防波堤であった。皇室が内部争いとなり、それを見抜かれてしまった以上、もう恐れるものは何もない。三十二年間言い続けてきた、日本人が思ってもみない国が（最近少し兆候が出てきた。しかし、日本人はまだ誰も気づいてはいない。まさか、である）天皇家と日本国土を荒らしに荒らし、もはやズタズタになった日本国が二度と立ち上がることはない。天皇家はつぶされる。天皇家の中のある者たちは捕われの身、捕囚となって海外へと連れ去られる、というビジョンを私は見た。

黄金の国ジパングを、よだれをたらして見ていた、どこの国よりも昔から欲しがっていた連中によって。日本人が日本の皇室を滅ぼすなどということは天地がひっくり返っても決してない。天皇家とローマ・カトリック教会は、他国の者たちの侵入によって滅びるだろう。

カトリックの信者たちが、カトリック総本山のバチカンを襲い、ズタズタにし、崩壊させるなど、天地がひっくり返っても決してない。他国によって日本国土は奪われ、他国の侵入者によって日本の皇室もローマ・カトリック教会も滅びる。人民と共に、滅びるだろう。

彼ら侵入者にとって、バチカンも皇居神殿も宝の山である。世界に類をみない宝の宝庫である。彼らがそうすることを赦されるのは、天地創造の神、霊なる神である。皇室神殿崩壊、ローマ・カトリック、バチカン宮殿の崩壊は、霊なる神のシナリオである。何が起ころうと、それは霊なる神の計画、シナリオである。だから私は先の著書に必死で書いた。偶像を拝してはならない。人間と万物の創造主である、目には見えない「霊なる神」を信じなさい、と。

助かりたい人は、霊なる神の創造である「新しい天と地」へ行きたい人は、ぜひ私の前著を読んでほしい。そして次に出る『神からの伝言』を。ここでは同じことを書くのは無理である。

霊なる神についてくどくど同じことを書いている暇など私にはない。暇はたっぷりあるが馬鹿みたいに同じことをくどくど書く気など私にはさらさらない。前の本を読めばいいことである。日本国がこれからどうなるか、次の著書『神からの伝言』を読めばわかる。それぐらいの努力をもしないようでは、火の釜に投げ入れられて、霊魂共に消滅させられてもいたし方ない。どうぞご自由に。

「ゆえに人間は残されるもの、即《すなわ》ち新世界（新しい天と地）に役立つ者とならなければならない。それによっておおいなる切り替え時を易く越えらるる事でいわゆる神の試験にパスするのである。

――従って、余りに汚なくどうにもならないものは地上から永遠に抹殺される外《ほか》はないから恐ろしいのである。というわけで、将来役立つものは勿論残されると共に、役立たないものは処理されてしまうのは致し方ないのである。それは口で言えば甚《はなは》だ簡単だが、これが人間にとっての脅威は、前古未曽有《ぜんこみぞう》の大異変であるから、とうてい筆や言葉では表わせないのである。

つまり、根本は善と悪との立て分けであって、善人は無罪となり、悪人は有罪者となるわけで、決定的審判が行なわれるのである。従って現在地上にある人間悉《ことごと》くは、裁きの前の動物に等しき運命に置かれているのだから大問題である。然《しか》も悲しい哉《かな》、赦《ゆる》される者は極《ご》く少数で、救われない者の方が大多数である事で、その割合は数字では表わせないが、だいたい右と思えば差しつかえないのである。勿論日本人も同様であるから、助かりたい人はこの際至急頭の切り替えをする事である」

これは先に書いた出口王仁三郎師の弟子であった岡田茂吉という人の言葉である。

王仁三郎師より先にいたのが出口ナオ師であり、ナオ師は、近く来る大洪水（大異変）についてこう語っている。

「神を恨《うら》めてくださるな。神は人民その他の万物を、一つなりとも多く助けたいのが神は胸一杯であるぞよ。神の心を推量して万物の長といわるる人民は、早く改心致して下されよ。神急《せ》けるぞよ。後で取返しのならぬ事ありては、神の役（目）が済まぬから、神は飽くまで気をつけたが、もう気の付けようがないぞよ。神残念ぞよ」

「神急《せ》けるぞよ」であり、「神残念ぞよ」である。もはや手の打ちようがなく、「神残念ぞよ」である。私も三十二年間必死で警告を発し続けてきたが、もう後の祭りである。「私、残念ぞよ」である。

キリストの再臨を必死で訴え続けても誰も信じず、もはや手の打ちようがなく、ほんとに残念ぞよ、と言う他ない。

茂吉師はこうも言っている。

「神は助けようと思って、筆先でなんぼ知らしてやれども、いつも鳴く烏《からす》の声と油断を致していると、今に杤麺棒《とちめんぼう》をふるって、逆さになってお詫《わ》びをせんならん時が来《く》るが、その時になっては、神はそんな者にかもうてはおれんから、身から出た錆《さび》とあきらめて往生《おうじょう》致そうよりしようがないぞよ」

神はもう改心せぬ者などにかもうてはおれんから霊魂焼かれて水で流されてしまうが、観念《かんねん》して消えうせるがよいぞよ、と言っているのである。私風の言葉で言えば。

三十二年前、『神への便り』の一番最初に私はこう書いた。今から三十二年前である。

「不気味な足音が近づいて来る。
破滅の足音だ。
人類の、破滅の足音だ。
だんだんと、だんだんと足音は大きくなりもう、すぐ側まで近づいている。
耳を澄ませば、すべての人に聞こえるはずだ。

静かに耳を澄ませば聞こえるはずだ、あの不気味な足音が……。
あなたにも、あなたにも、確かに聞こえているはずだ。
耳の遠い人でない限り――
よほど鈍感な人でない限り――」

人々の愛は冷え切った。

愛の代わりに地球上を覆い尽くしたのは、暴力、残虐、憎悪、エゴ、人命軽視、無関心――、人間の愛は冷え切った。

人間の住む地球が冷え切ってしまったため、人の心は冷え、殺伐さが地球上をおおい、寒々しさだけが残った。

不安を打ち消すように人々はせかせかと動き回り、意味もなく笑いころげ、不安を打ち消すように、人々は喧噪《けんそう》の中へ逃れていく。

改心せよ！　と神が激しく打ち鳴らす鐘の音が、私の耳に鳴り響く

もう私たちは後戻りすることのできないところまで来てしまった。

人間の目にはゆるやかに、しかし、神の目にはものすごいスピードをもって、今、人類は破滅へと向かって突き進んでいる。人類がてんでに群をなし、一つの塊《かたまり》となって、自ら破滅へ、破滅へと突き進んでいる。


三十二年前に書いた『神への便り』（後に『愛の黙示録』に変えられた）の出だしであるが、馬鹿みたいである。

耳を澄まして不気味な足音が聞こえていたのは私だけであって、三十二年も前に、そんなもの誰にも聞こえてはいなかった。実に馬鹿げた出だしである。

あなたにも、あなたにも確かに聞こえているはずだ、などと、誰一人にも聞こえて

はいなかったっつーの。

改心せよ！　改心せよ！　改心せよ！　と神が激しく打ち鳴らす鐘の音が、私の耳に鳴り響いている。

これもほんとうである。三十二年前、私にはこの神の激しく打ち鳴らす鐘の音が鳴り響いていた。イエス・キリストの再臨もほんとうである。この三十二年間、誰一人も信じなかったが。

またこうも書いた。三十二年前のことである。

「いま私たちに必要なものは〝愛〟である。〝愛〟だけが唯一私たちを救う。私たちは互いに愛し合わねばならない。世界から戦争をなくし、分裂、対立をなくし、憎しみをなくし、世界を美しい平和なものに変えるため、〝愛〟が必要なのである。もし互いに愛し合うことをしなかったならば、私たちは死ぬだろう。愛をもって生きることをしなかったなら、私たちは死に絶えるだろう。

もはや誰一人、破滅に向かって突き進むこの膨大なエネルギーを押しとどめられる者はいない。破滅寸前の、瀬戸際に立った私たち人間に救いの手を差しのべられる者はいまい。もしあるとすればそれは〝愛〟だけである。

もはや引き返すことの出来ないところまで私たちは来てしまった。群をなし、世界中が魂を一つにして、恐ろしいいきおいで、狂ったように破滅へと突き進んでいる。〝愛〟の復活が間に合わないとするなら、私たちは日を経ずして滅び、死に絶えるだろう。〝愛をもって生きる〟ことに気付くのが遅過ぎるなら、私たち人類はすべて死に絶え、地上は人間の死骸の山と化すだろう。

人間が死に絶えようが、破滅の道を選ぼうが、神はどちらでもかまわないのである。助けてくれ！　と泣き叫ぼうが、神を恨もうが、もはや神が我々人間を助けられることはない。自分を救うのは自分自身である。

自分を救うものはただ〝愛〟だけである――――」

叫べども叫べども、キリストの再臨も、愛の復活も人々の耳には届かず、ついに後の祭りとなってしまったのである。私の前著『預言の書』を読んでほしい。これからどうなるか、人類がどうなってしまうのか、予言の書である。助かりたい人は読んでほしい。次に出版される『神からの伝言』も。

私にどれほど逆らったとしても、もはや二千年前の神ではない。イエスを十字架で殺し、弟子を皆殺しにし、洗礼者ヨハネの首を切り落とし、小踊りして喜び、霊なる神が遣わされた者を迫害し、殺し、それでも黙って見ておられた天地創造の神、霊なる神の怒りの鉄槌が全人類の上に振りおろされる時がついに来たのである。そのために、二千年の時を経て、イエス・キリストは再臨した。

霊なる神におうかがいをしてから、と思っていたことがあるが、おうかがいは止めにした。私は自分で勝手にやることに決めた。「何をか？」って？

その前に、もうここまで来たら恐ろしすぎて笑う他ないのである。恐怖を通り越して、もはや笑うしかないではないか。私はこのところ、おもしろすぎてギャハハハ――と笑いが止まらなくなったり、A賞作品を読んで、よせばいいのにもう一つのA賞作品を読んで怒り心頭に発したり、このところ笑いころげと怒りで忙しいのである。

もう一つの今年のA賞受賞作品。まず、日本語でもない。英語でもない、ジャングルの中のどこかの部族の言葉か？　というわけのわからない題名をつけるな！

五人の登場人物がいて、一人は別荘の持ち主の子であった。何とかはそこの管理人の娘であった。二人は仲良しであったため、あのとき何を食べた。このときは何を食べた。おいしかった。別荘が古くなったのでどうしようかと皆で考え、このまま修理すべきかそれとも壊してさら地にすべきか考えた。やっぱり取り壊すことにした。二人で海に行ったが楽しかった。延々と最後まで本一冊これが続くのである。

こんなくだらない本を、私はかつて一冊も読んだことがない。どうしようもなくくだらないのである。魂がからっぽだから、文章もからっぽ。頭の中がからっぽだから文章がそのままからっぽ。ナッシング。まったく、一行もおもしろいところのないくだらないことばかり書かれたナッシングの本（異なる感想をお持ちの人もいるかもしれないが、私はそう思った）。A賞という日本最高権威の文学界の堕落と思った。サラブレッドの馬からサラブレッドの子が生まれるとは限らない。サラブレッドの馬からはたいてい駄馬が生まれるのである。

ポメラニアンという犬を二匹飼っていたので私にも経験がある。サラブレッドの犬から駄犬が生まれることを私は経験上知っている。犬だから駄犬であろうがどうであろうが血統書などすぐに捨てて、近所の人も驚くほど可愛がり、獣医さんには「もうおまけの人生です」と言われるほど十七年生きた。作家気取りでくだらない本など、犬は書かないからかわいいのである。たとえすばらしい血統書を持った駄犬であっても物など書かないから、頭も魂もからっぽのくせに、作家気取りでくだらないものを延々と書いて、それを恥と思わない頭のからっぽの人間とは違うから、いとおしく、かわいいのである。人間ならば恥を知らねばならない。

もう一人のA賞受賞の青年は、雑誌のインタビューで、「A賞を取ったのに、ただの一社からも原稿の依頼が来ないのですよ」と語っていた。そりゃーちょっとあれじゃー、子供にも読ませられない、人にも勧められないA賞作品だからね——。しかし、彼は自分をよく知っている。私など経験したことのない世界を経験し、私小説家としてこれからも頑張る、と言っている。「頑張れ！　頑張れ！」と応援したくもなるし、意見を述べることもできる。

もう一つのA賞作品にはそれさえない。馬鹿丸出し。私ならナッシングの恥ずかしさで消え入る。その前に、こんなくだらないもの、何の足しにもならない日常のくだらないことを書き連ね、作家気取りなど恥ずかしくてできない。

幸いなことに、私は作家ではない。三十二年間も原稿書きをしてきたが、作家などではなく、作家志望など一度も思ったり、考えもしない。

その証拠に、先のA賞受賞の青年は、ノートにまず下書きを必ず書く、と言っていた。いつか谷崎潤一郎の生原稿を見たことがあるが、推敲に推敲を重ね、原稿用紙がほとんどまっ黒なのである。その横に小さな文字で新しい文章が書いてある。このまっ黒々の原稿用紙を見て私は仰天した。作家というものはこういうものなのか、原稿用紙がほとんどまっ黒になるほど推敲を重ねるものなのか、と。自分も髪振りみだして昼夜の別なく書きまくっていたときであったが、何とも言えない気持ちにとらわれた。といって自分が変わったかというと何一つ変わらない。

出版社から返却されてきた原稿は、「またか」と落ち込み、見たくもないので、その場でごみに捨てる。そのつど新しいものを書くのだが、この三十二年間、私は出版社から返却されたもの以外、一枚の原稿用紙も捨てたことがない。推敲などしたこともない。棒線引いて文章を横に新しく書き直す、などということも一切ない。誤字が非常に多いので気づいたとき、誤字だけは直す。下書きなどそんなめんどうくさいこと一切しない。自分が書いたものを読み返したことも一度もない。だから自分が何を書いたのか、すぐに忘れてしまう。

思いついたことを、自分の心にあることを、そのまま何も考えずに書く。推敲も下書きも読み返しも一切なく、いきなり原稿用紙に書き始め、最後までそのまま行くので、悩むこともなく、言いたいこと、気づいたことをどんどん書くだけだから、三十二年間書き続けてきても、一枚の原稿用紙も捨てたことがない。これが作家と言われる人や作家志望の人と、私との大きな違いである。

私は作家ではない。作家志望の者でもない。三十二年間も誰からも認められないのに、出版社からは送り返されるか捨てられるのに（一度は、おずおずと「あのー、駄目だったら原稿を送り返してもらえますか？」と半年も知らんペッペだったので電話したら、えらい剣幕で怒鳴られて、震え上がってしまった。その原稿がほしいわけではない。返ってきてもその場で必ずごみとして捨ててしまうのだから、原稿を返してほしいのではなく、半年も待っているけれど、一体自分の原稿はどうなったのだろうか、を知りたいのである）、それの繰り返しで三十二年。誰が作家志望の者が三十二年もこんなことを続けようか。途中であきらめるのが常識である。私は作家ではなく、作家志望ではないからこそあきらめなかったのである。

書店で二人のA賞作品のすぐ横に二十六歳の俳優が書いた、あの二千万円の賞金付きの賞を取った作品が並んでいた。彼はこの二千万円の賞金を辞退して受け取らなかったことは報道で知った。

「出来レース」という言葉の意味がどうにもまったくわからず、ある若者に「出来レースって何のこと？」と聞いた。彼は口角泡を飛ばし一所懸命、必死になって私に説明するが、どうにも今一つわからない。選考委員は一人ではないはず、というのが私の頭を占《し》めてしまっているので、どうしてもいまいちわからない。最後まで私にはわからなかった。

何しろ選考委員が一人ならそれも可能だろうが、一人では決してないはずである。モヤモヤが取れなかったある日、週刊誌に、出来レースに至るまでを細かく調査し、それに加担した者の名前を実名で書いてあった。

今の相撲界のように人を欺く行為を、地盤沈下するような行為をしたとしたら、恥ずかしくないのだろうか。恥ずかしいと思う心があるならば最初からそんなことはしないだろう。

出来レースなのだとしたら、あの若造、さすが俳優だけあって演技がうまいものである。

千数百の応募があったそうだが、必死に真面目に書いて応募した者が大勢いたはずである。私にはよくわかる。賞金目当てではなく、自分の原稿を世に出すきっかけを求めて、ノンフィクション大賞というものに応募したことが何回かあるからである。

あくまでも世に出すきっかけを作りたい一心であった。

私と同じように、必死で、懸命に書いた者が千数百人の中にはいたはずである。最初からそれらの人々を排除して。ひどいではないか。あまりにも人間を馬鹿にし、人間をなめていやしないか。まあいい。欺いたとしたら、そのうち天罰が下るだろうから。

この世もあの世も、新しく創造された天と地も、皆想念の世界

二十歳の大学生が一人でスーパーのトイレへ来た三歳の女の子を首を絞めて殺し、リュックに入れ、川へ捨てた、とニュースが伝えている。大学生はすぐに捕まり、女の子の遺体が川から見つかった。川をのぞいたり、不自然《しぜん》な様子をしていたと言う。

この犯人の目撃者が「その方は不自然な様子をして、川を見ておられましたが、そ

の男の方はしばらくするとあちらの方へと歩いていかれましたよ」と証言していた。二十歳の男に、しかも三歳の子供を絞め殺して川に捨て、その後捨てた子どもの死体がどうなっているかを見にきている若い男に、大の大人が「その方、おられました。歩いていかれました」とは、これこそ不自然ではないか。馬鹿ていねいにもほどがある。

若者が幼い子供を意味もなく殺すのはもう日常茶飯、この他にも五歳の男の子を殺した若い男が（確か二十五歳と言っていた）今日懲役十五年を言い渡された。もう一件、女子高生を殺害後、男が自殺。元ＮＨＫのカメラマンが女性を殺害、砂に埋められた遺体が見つかった。男は自殺未遂。一日に何件もの殺人報道。暴力団でもないのに一般の人間が若者から年寄りまで人を殺すのはもう日常茶飯事。

新燃岳が大噴火して町がすべて灰でおおわれたとき、連動して必ず何か巨大なことが起こる、と震えおののきながら思っていた。別の場所でまた巨大噴火か。その後震度四、三クラスの地震が連日テレビの画面に出ていた。巨大地震か？　どこで起こるのか。連動して必ず日本で起きたことであっても必ず同じようなことが他国でも起こるのである。地震か？　噴火か？　私はおびえながら息をひそめていた。

ニュージーランドに巨大地震が起きた。昔はもっとこの連鎖に間があった。最近はこの間がなくすぐに来る。美しいニュージーランドの町はガレキの山となった。道路は激しく割れ、建物はガレキの山と化し、日本人二十八名と百数十名がガレキの山に埋まっていたが、日本の救援隊も、さまざまなハイテク道具と三匹のシェパード犬を連れかけつけたが、もう生存者なし、とニュージーランド政府が救助をきのう打ち切った。

誰の目にももうあのガレキの中に生存者はいないことは明らかだった。そういう崩れ方だった。日本人二十八名と、どこの国の人かもわからない二百数十名が今もガレキの中に埋まっている（その後、遺体は回収された）。

想念である。人間ははじめ霊体だけの言葉のない想念だけの世界で暮らした。途中から人間が〝愛〟を失くし始めたため霊なる神は人間に肉体というものを与えられ、〝愛〟を学びなさいと霊体に肉体をくっつけられ、はじめはなかったこの地球の七

○%に海をつくり、人間が飢えて死なないように、漁をして暮らせるように、幾種類もの魚を泳がされた（詳しくは、前著、『預言の書』をお読みください）。

ついでに人間がこの海で楽しめるように、サンゴや熱帯魚や、美しい、人間が食べる魚ではなく人間が愛《め》でて楽しむようにかわいらしい、無数の種類の熱帯魚を泳がせた。人間を驚かせ、喜ばせるために、巨大なクジラやシャチやジョーズ（サメ）やペンギンを泳がせた。かつて太陽と月と地球、まだ名もなき惑星、水晶で創られたこの三つの惑星に人間が広すぎるほどの宇宙を自由に飛び回っていたように、海に泳ぐさまざまな魚や海の動物にとっても、世界の果てまでも海があると思うほど、彼らにとって海は果てしもなく広かった。

人間の想念が弱肉強食になるとともに、地上に住む動物、トラやライオンやヒョウ、ハイエナ、空に飛ぶ鳥までも、そして海に泳ぐ魚や海の動物までもが、人間の想念と同じように弱肉強食化していった。

人間が強い者勝ちの想念と、人間と人間とが殺し合うということを始めて以来、空の鳥も同じ鳥同士で殺し合い、同じ鳥であるのに強い鳥が弱い鳥を襲い、殺し、海でもまた、人間が人間を襲い殺し合うようになったため、海の魚のくせに、強い魚が弱い小さな魚を襲い食べ、もう人間の想念と同様、海の魚たちまでが互いに殺し、食べ合うようになった。

想念とは恐るべきものである。海の魚が同類である魚を襲って食べるなど、私は身震いがする。空の鳥が、同類である鳥を襲って食べるなど恐ろしすぎて震え上がる。トラやライオンやヒョウやハイエナが、同じ動物、同種である動物を襲って口を血だらけにして食べるさまに、私は見ておれず、いつも目をそむける。かつてはそうではなかったからである（しつこいようだが、詳しくは前著で）。

想念の世界である。人間が創造されたはじめから、宇宙が創造されたはじめから、この世もあの世も、そして新しく創造された天と地も、皆想念の世界である。今なら想念世界の霊体に肉体がくっついていると思えばいい。

人間の想念が今最高に堕落しきったため、この地球は人間を振り払い、振り落とすかの勢いで、まるで地球の怒りのすさまじさを見るように激しく揺れに揺れ、山は怒り狂ったように恐ろしい勢いで爆発し、人間の想念の汚れを物語るように、人間の想念と行動の堕落の極みを物語るように、山は火を噴き、一度に数十万人が死ぬ巨大地震があちこちで起こり始め、一度に数十万人がのみ込まれる巨大大津波が何度も起こり、家を押し流す大洪水が世界のあちこちで起きた。これで終わりではない。日本も三・一一の前古未曽有の大災害で、これで終わりではない。残念ながら始まったばかりである。

寒波や干《かん》ばつが地球を襲い、巨大ハリケーンで家屋はふっ飛び、巨大竜巻が家を倒壊させ、人間を巻き上げ、中国の巨大な山が恐ろしい地響きとごう音と共に一瞬にして崩れ消えてなくなり、太陽が人間を焼き殺すまでに怒り、ガンが人間にまん延し苦しめる。得体のしれない鳥のインフルエンザや牛、ブタの得体のしれない病気もまん延し、ニワトリと牛、ブタが何十万、何千万も殺され、動物が生きていけない世界は、人間も生きてはいけない世界である。犬は散歩をしただけで得体の知れない病気にかかるという。普通の道である。そのため必ずいく種類かのワクチンを毎年打たねばならない。

飼犬に毎年予防注射を打っているから今年はよかろう、と思って打たなかったら、普通の道を散歩しただけなのに、病気になり死にそうになった。悲愴な顔で病院にかけ込み、「何とか先生助けてください」とオロオロしながら懸命に頼み、最初に言われたことが、「予防注射は？」であった。「毎年打っているから今年はよかろうと思って打っていません！」と言うと、「だめだねえ」と言いながら何か注射をしてくれた。もう私の責任で死ぬかと思ったが、その病気にかかってしまったときに打つ注射ということであった。

疑り深い私は、この予防注射は獣医さんが金もうけのためにやっているのではないか（何しろ高いのである）と思っていた。そう思いながらも毎年予防注射だけは欠かしたことがなく、生まれて三ヶ月で家に来て以来、一度も病気をしたことがなく、元気ピンピンであったから「今年はよかろう」と思ってしなかったとたん、死ぬかと思うほどの病気にかかった。予防注射は、獣医さんの金もうけのためではなかった。以来、予防注射に年一回行く度、「今年何歳？　今年何歳？」と聞かれながら最後あたりには「もうおまけの人生です」と予防注射をしながら先生に言われ、十七歳で死んだ。

何しろ十七年のつき合いであったので死んだことを報告すると、「えっ！」とこの先生しばらく沈黙した。いつも「おまけの人生です」と言って爪まで切ってもらっていた若い先生だったので、あまりに安らかな死だったので、涙も流さず平気で報告しているのに、一瞬沈黙してしまい、「病気で死ぬ犬もたくさんいるのに、老衰で、天寿を全うしてそんなに安らかに眠るように往って、ほんとうによかったですね」とうるうるした涙目と声でそう言った。

道を散歩しただけなのに、道の両脇の草むらに、犬を死の病気に追い込むようなそんなものがどうして存在するのか。それは一体何なのか。その正体がわからず今も私は考えている。目に見えないその正体は一体何なのか、と。

この世で最も悲しいのは、子供と動物の死

ノアの大洪水が起こったのは今から数千年か数万年前のことである。シュメール文

明が一瞬にして核戦争で消滅したのは約五千年か六千年前のことである。わずか三十二年前、私が生まれて初めて原稿用紙というものに向かい、『神への便り』を書き始めた頃には、これらの巨大災害、一瞬にして数十万人が死ぬなどという巨大災害はほとんどなかった。太平洋戦争を経験し、アメリカはベトナム戦争を経験し、もう戦争はしない、もう戦争はないと、皆、安心して平和を享受していた。三十二年前、ゲリラ豪雨などという言葉はなかった。あの頃戦争の影はまったくなかった。

イラクの人々は、美しい着物を着て、今対立している部族間で結婚し合い、子供も大人も笑いが絶えず、家族間、親族間、部族間の絆は固く、平和に満ちあふれ、大人も子供もあふれんばかりの笑顔で暮らしていた。

その頃、生まれて初めて原稿用紙に何か書くというのに、いきなりの出だしが

「不気味な足音が近づいて来る。

破滅の足音だ。

人類の、破滅の足音だ。

だんだんと、だんだんと足音は大きくなりもう、すぐ側まで近づいている。

耳を澄ませば、すべての人に聞こえるはずだ。
静かに耳を澄ませば聞こえるはずだ、あの不気味な足音が……。
あなたにも、あなたにも、確かに聞こえているはずだ。
耳の遠い人でない限り――
よほど鈍感な人でない限り――」

何か詩でも書くように、生まれて初めて原稿用紙に何か書くというのに、いきなりこんなことを書いてしまった。しかし、「偉い、偉い、あんたの言う通りだ、あんたは偉い」などと褒めてくれる者などただの一人もいやしないのだから、自分で言うしかないので自分で言うが、さすが私は予言者だけある。先を見通す力はある。

預言の書を世に出す資格はある。さすがだ、偉い偉い、と本気で思っているかというと、そうではない。私は恐ろしくて今も震え上がっている。自分が恐ろしいから、自分が恐怖に打ちのめされているから、ひたすら三十二年も書き続けてきたのかもしれない。あの手この手で人類への警告を発し続けてきたように思う。知らない方がもしかすると幸福なのかもしれない、と何度も思った。何も知らない方が幸せなのかも、と。

しかし「死ぬことを恐れていては魂は息吹《いぶ》かない」という言葉がある通り、死と恐怖を乗り越えてこそ、魂は真に息吹き、真の幸福を味わうのかもしれない、とも思う。

三十二年かかってようやくもうすぐ『預言の書』が世に出る。ケンカしながらでも出版社の担当者のYさんと（三十二歳だそうであるが、私が頭から湯気立ててギャンギャン言っているのに平然としているのでいつの間にか湯気が消え、私は落ち着くのパターンであるが〝負けるケンカは私はしない〟と常々胸張って言っているが、もしかすると負けているのでは、とときどき思う）、編集者のTさんに、私は心の底から感謝している。なぜならば、これを世に出すことによって、私は自分自身が死と恐怖にやっと打ち勝った、と今思うからである。後のことはどうでもいい。売れる売れないは「人事を尽くして、天命を待つ」のである。後のことは私の知るところではない。自分のために書いてきたところが大いにある。後は私は笑って暮らす。

たとえ海の魚がすべて死に絶えようと。もうすぐ海もなくなることも私は知っている（知りたい人は『預言の書』を読んでください）。

同じことを私は書かない。前著を読んでもらうしか方法がない。

笑って暮らしても現実は現実で目の前に迫っているから、自分のためでもあり、人のためでもある、と思ってやはり言ったり書いたりしなければならない。それが私の役目だから。


霊なる神の目からはもう時間は残されていないが、霊なる神のシナリオ通りに、預言の書にそのすべてを書いた通りに世界は動いていく。破滅と人類滅亡へと。「神急《せ》けるぞよ。神残念ぞよ」の言葉通りに。〝愛〟の復活が間に合わなかったのであり、人間がついに最後まで〝愛〟を取り戻さなかったからである。悪想念に地球は取り囲まれ、太陽も月も地球も人間に対して怒りに怒っている。神の時間はもうない。残念ながら、もうない。しかし人間時間はまだ少しだけ残されている。

人間と霊なる神の時間は違う。まだもう少し、人間の時間は残っている。まだ新しい天と地へ行く人を探す時間はある。私は最後の最後まで、新しい天と地へ行く人を見出し、それらの人々を捜さねばならない。ときどき一人で「ケタケタケタ」とおもしろいことを発見して笑いが止まらなくなったりしていても、である。

叔母（母の弟、叔父の妻であり、こちらとは血はつながっていないが、子供の頃から叔父よりもこの叔母の方が血縁のような存在で、肉親愛を得られるのは子供の頃から現在までこの叔母だけである）に、一番最初に本がもうすぐ出版されることを電話で知らせた。もういいかげん止めたら、と内心思っていたうちの一人である。よけいなことは一切言わない。せっかく出版までこぎつけたけれど、売れない可能性の方が大きい、などと、心やさしい私は決して言わない。人が喜ぶこと以外は一切言わない。ともあれ、「食うや食わずの生活を送っているに違いない」と思い込んでいるこの叔母に、一番に知らせて喜ばせないといけない。

「えっ！　何ですって！　出版できたの!?」

もう感動で、後は涙、涙である。泣きながら「ケイコちゃん、よかったね――、

（グスン、クッ、グスン）ほんとによかった（グスン、クッ、ひとしきり涙）、ケイコちゃん、信念よね、ほんと信念よ（グスン、グスン、クッ）生きているうちに世に出られて、ほんとによかった（涙、涙）」

今年もう八十五歳になる叔母は、作家や画家は「食うや食わずの生活をして、死んでからしか世に出られない」と思っているが、真実その通りである。多くの作家や画家がそうであるように、生きているときは見向きもしないくせに、死んでから愚民はもてはやすのである。そんなこと枚挙にいとまがない。どれほどすばらしいものであっても、愚民は見向きもせず、けなし、馬鹿にし、笑う、これが世の常である。

ゴッホ、セザンヌ。ゴッホの絵は生きているとき、たったの一枚しか売れなかった。セザンヌの絵は生きているとき、たったの一枚も売れなかった。「テオへ、今度こそすばらしい絵を描くよ、今度こそもっとすばらしい売れる絵を描くよ。いつもすまない、テオよ、今度こそ必ず売れる絵を描くよ」、もうひたすら描く以外に道はなく、生涯たった一枚の絵しか売れず、精神を病み、ゴッホは死んでいった。

「福岡でゴッホ展があるってよ。見に行ってきたら?」と先日若者が言った。しばらくの沈黙の後「あのね、私そこに見にきている人たちにこう言ってしまいそうな気がするの――『ゴッホの絵、すばらしいと思いますか? (すばらしいですね、と返されて)どこがすばらしいですか? たとえばこの絵のどこがどのようにすばらしいと思いますか?』――何かそこにいる人たちにそう言ってしまいそうな気がするのよ。だから私は行かない」

若者は私が何を言っているのかわからず、目を点にしていた。愚民は嫌いだ。

叔母の電話を切ってから、私は一人ケタケタ笑った。「生きているうちに世に出られてよかった」と泣きながら一人言のように言う叔母の言葉がおもしろくて笑った。

「イヨッ! 神さま元気?」と空に向かって手を振る青年が昔いた。

彼はキリスト教徒ではなかったが、聖書のすべてが彼の頭の中には叩き込まれているらしく、聖書など持たずに空《そら》で、いつも聖書の中のあらゆる所をすらすらと私に暗唱してくれた。彼が二十一歳で、私が二十七歳のときのことである。

私はというと「この子、宇宙人ではなかろうか、いや、宇宙人だ、間違いない」と本気で思っていた。しかしなぜかうまは合うのである。当時私は聖書など持ってもいず、あんなものおとぎ話だと思っていたので、まったく聖書の内容など一語も知らない。

不思議な子、宇宙人。たとえ宇宙人であっても楽しければよい。彼との会話はいつも心地良く、宇宙人の顔を見ているだけで満足であった。その宇宙人があるときこう言った。

「世間の人たちは皆逆立ちして歩いているんだよ」

宇宙人から見た地球人の姿なのだ、と思い、意味はまったく、さっぱりわからなかったが、この宇宙人の言葉を私はしっかり心にとどめた。

あれから四十数年が経った今、彼の語ったことの意味が私にはよくわかる。「世間の人たちは皆逆立ちして歩いているんだよ」という意味が、今になってよくわかる。それに私が今頃になって、聖書をボロボロになるまで必死で読む日が来ようとは、このときには想像もできなかった。彼は宇宙人などではなかった。二十一歳の若さでさり気なく、やさしく、私に何かを教えようとしていた心やさしい普通の若き青年であった。

「神は与え、そして奪われる」という言葉がある。

幾度私は自分の肉体の一部をもぎ取られる苦しみを味わってきたことか。幾度私は引き裂かれる悲しみに涙してきたことか。霊なる神は私に与え、そして必ず奪われた。皆は心配しなくてもよい。これは霊なる神が私に与えられた試練の中の一つであるから。もし私が幸福に満たされていたら、霊なる神から与えられた役目、使命、『預言の書』など書かない。一人で孤独でなければ『預言の書』など決して書いたりなどしない。私が幸福にとどまっていれば。これは私の試練の一つである。

この世で最もかわいい、いじらしい存在は子供である。無条件のかわいい、いじらしさを持った者は子供である。親の子への虐待は日常と化した。想像力を持ってほしい。親に殴られ、タバコの火を押しつけられ、食物を与えられない、それが幼い子供にとってどれほどの苦しみか。自分が子供の立場に立って、どれほど痛いか、どれほど熱いか、どれほど飢えや渇きが苦しいものであるか、それをわが子に味わわせる前に、自分の身に置き換える想像力を働かせてほしい。

この世で最も悲しいことは、子供の死と、動物の死である。これ以上の悲しみはこの世にはない。想像力を持ってほしい

おじいさんとおばあさんが、仲よく手に手を取り合い、互いに慈しみ合い、助け合い、愛し合いながら、夫婦で生活しているさまを見るほど心暖まるものはない。長い歳月を、互いを思いやり、慈しみ、助け合いながら生きてきた老夫婦を見るほど、感動するものはない。

仲むつまじい老夫婦ほど、この世にすばらしい存在は他にない。わがままを止めて、簡単に霊なる神に与えられた者を離してはいけない。霊なる神から与えられた相手を、自分たちのわがまま、気まぐれで離したりしてはならない。互いに慈しみ合い、助け

合い、尊重し合い、長い歳月を生きてきた老夫婦ほど、この世にすばらしい存在はない。それを思い、それを見習って、霊なる神が与え給うた相手をみだりに自分たちのわがままで離したりしては決してならない。

ピアノのなかった時代、霊なる神は、後に続く作曲家たちのために、ヨハン・セバスティアン・バッハを地上に送られた。

作曲家の中で、このバッハを超えられる者は一人もいない。この偉大な作曲家、バッハがいなかったら、後の作曲家たちは生まれていない。

このバッハや、地球は平らだ、と人間が思っていたときに、「地球は平らではない！地球は三角や四角ではない！　地球は丸い！　誰が何と言おうと、地球は丸いのだ!!」と誰も信じないから地団駄を踏みながら言った人や、「天が動いているんじゃない！　この地球が動いているんだ!!　なぜ信じない。天など動いていない。この地球が動いているんだ!!」と、これまた誰一人信じなくて皆笑うものだから一人地団駄踏んでくやしがった人も、葛飾北斎も、レオナルド・ダ・ビンチも、エドヴァルト・

ムンクも、お釈迦さま、イエス・キリスト、エマニュエル・スウェーデンボルグ、聖マラキ、黙示録のヨハネ、ノストラダムス、エドガー・ケイシー、出口王仁三郎、出口ナオ、マハトマ・ガンジー、これらの人々は皆、霊なる神からインスピレーションを受けた人々である。八百万《やおよろず》の神からではない。天地創造の神、「霊なる神」からのインスピレーションを受けた人たちである。

天地創造のはじめから在り、今も在り、そして永劫に存在する「霊なる神」「聖霊」のことである。この霊なる神の「霊」と「光」とによって人間が創造されていることは、先の『預言の書』に書いた。

この私も「霊なる神」からのインスピレーションを受けて『預言の書』を書いた。三十二年間かかったが。世に出るまでに。

ぬすっと作家は許さない

この私が決して許さないことが一つだけある。「すべての惑星は水晶で創られている」『預言の書』の中に私はそう書いた。地球上に人間というものが存在して以来、かつて誰一人も言わなかったことである。

イエス・キリストも言わなかった。お釈迦さまも、黙示録のヨハネも、エドガー・ケイシーも、ノストラダムスも、地球上に存在した人間の誰一人もこれを言った者はいない。

もしこれを今後、ヘラヘラと、ペラペラとわがもの顔に書くぬすっと作家が現れたら、私はその人間を決して許さない。

盗んでも、それは私のものだ、とすぐにわかる。人類始まって、今日までかつて誰一人も言わなかったことだからである。人のものを盗む者など、霊なる神も、この私ももはや許さない。「すべての惑星、星々は、水晶で創られている」、たったこの一つだけである。

ヘラヘラと、ペラペラと、わがもの顔にこれを自分のものとして書くにせ作家、ぬすっと作家を、私は決して許さない。それはすぐばれる。誰一人の人間も言わなかったことであるから。イエス・キリストでさえも。

聖者と呼ばれる者たちが、この世の苦悩をなめ尽くさなければ聖者になど決してなれないのと同様、霊なる神からの言葉を、一つ残らず、間違いなく、すべてを聞きもらさず受け取るためには、「生きたまま死ぬ」という試練を受けねばならない。

千じんの谷につき落とされ、心臓が霊なる神が止めるものであることを教えるため、私の心臓は完全に止まり、脈は消え、私は生きながら死ぬ、という試練を受けてきた。精神を病んだ者の純粋、純朴を知るために、私は精神を病み、彼らのいる所に行き、そこにいる者たちの純粋、純朴に圧倒された。先に書いた二十一歳の青年、私に聖書を暗唱してくれ、「世の中の人たちは皆逆立ちして歩いているんだよ」と言ったその青年もそこにいた。

私がフィンセント・ファン・ゴッホのことを思うだけで涙を流すのは、ゴッホとあまりにも似た境遇のせいである。ゴッホと同じように、私も精神を病んだ。三年間も病んだ。しかし、どんなに悲惨な状況にあろうとも、ゴッホも私も、最後まで決して純粋、純朴の魂は汚れなかった。精神を病んだ者よりも世の中の人間の方が「逆立ちして」歩いているのである。

愛のない世界で生きるには、愛に満ちた、〝愛〟だけしか存在しない、争いも憎しみも戦争も、闘争や、残虐のない世界から来た者にとっては、恐怖の世界以外の何ものでもない。

エドヴァルト・ムンクは、

「芸術とは人間の心が流す血である」と言った。

死んでから認めて何になろう。血を流す思いでムンクもゴッホもベートーベンも、バッハも、この私も書いた。心の血を流しながら。ベートーベンも、ムンクもバッハも、そしてフィンセント・ファン・ゴッホも新しい霊なる神の創造、「新しい天と地」にいる。彼らは光り輝く霊体の天使となり、あの美しい水晶世界で歓喜の喜びで宇宙を飛び回っている。

あの霊なる神の創造した、あの美しい銀河の中を飛び回っている。自由と愛に包まれて。歓喜の喜びに包まれて。あなたたちが見ている暗いゴッホの絵はクズである。あなたたちが何億もかけて売買しているあれら暗い暗いゴッホの絵は紙くず同然のクズである。ゴッホが死ぬとき、捨て忘れたものである。もはやあんな暗い絵などゴッホは描かない。光に包まれた、光の絵しか今は描かない。

私の役目は「霊なる神」からの言葉を人々に伝えることである。より多くの人を新しい天と地へ連れ行くために、探し、見出すことである。

今再臨したイエス・キリストのように、山や海を動かすことは私にはできない。

しかし、私は自分の想念を操ることはできる。私の魂は今息吹《いぶ》き、想念はかつてないほどに磨《と》ぎ澄まされている。

霊なる神の計画が、霊なる神のシナリオが狂うことは決してない。

子供を愛し、慈しまれんことを。夫婦仲良くいたわり合い、助け合い年を重ねられんことを。純粋と純朴を、最後まで持ち続けられんことを。勇気を持って試練に立ち向かわれんことを。

これらのことを切に願う、霊なる神の代理人、イエス・キリストの弟子、ペテロより。

あとがき

前著『預言の書』の原稿を書き終えたのは二〇一〇年、平成二十二年の十一月であった。現時点で、ゲラ刷り二回目のまだ編集作業中で、本にはなっていない。この『預言の書』の中で、核戦争が起こる前に、この日本が一番最初につぶれる。第二次大戦のときは日本は立ち上がったが、もはや日本が二度と立ち上がることはない。日本が踏ん張っている間は世界は終わらない。世界の終わりの始まりは、この日本からである、と書いた。そう書いた四ヶ月後に、前古未曾有の大災害がこの日本を襲ってしまった。

巨大地震、巨大津波、止まらない原子炉の放射能。先の『預言の書』を三十二年かかってやっと世に出せる安堵と、あまりにも『預言の書』で恐ろしいことばかり書き、これ以上人々を恐怖に落としてはいけない、という気持ちが働き、本書ではなるべく預言にはふれないように、当たりさわりのないことばかりを書き連ねてしまった。内容でもわかる通り、何せ大切なことはもう前著にすべて書いた、という思いがあるので、のんびりと、肩の荷を下ろし、すっかりくつろいだ気分で『神への便り』を書き始めたが、百枚過ぎた頃から急に、一体何をやっている、急がねば！　急がねば！という気持ちに囚われ始め、急ぎ一気に後半を書き上げ、出版社に送った次の次の日に、わずか一日置いてこの前古未曾有の災害が起きてしまった。あの巨大地震で私の原稿はどこかへ行ってしまったに違いない、と私は半ばあきらめていた。

前著に書いたように、巨大津波の予知夢を、同じものを三度見せられ、巨大な火と水の洗礼を見続けさせられてきたが、これを最後に私の予知夢はピタッと止んだ。今回のこの想定外（専門家や政治家たちはそう言う）の、専門家でさえ予想しなかった町々のすべてと約二万人の人々をのみ込んだこの恐るべき巨大津波が、あのとき見せられた、これであったのではなかろうか、と思った。

しかし、霊なる神は言われる。「あなたに見せたあれとこれとは違う。これとは違うものを私はあなたに見せたのだ。心しなさい」と。確かにそう言われれば違う。私は今震え上がっている。そして、『神への便り』でもっと気を抜いたりせず、気を引きしめしっかり予言を伝えるべきであった、と心底思っている。

神のタイムリミットはもうない。一分たりとももはや残されてはいない。しかし人間のタイムリミットまで、霊なる神がそのときを延ばしたり短くしたりされるので、いついつ何年の何月何日などとは人間である私にはわからないことであるし、決して年月日などを言ったり書いたりしてはならない、と言われているが、神の最後の審判のタイムリミットはもうない。『預言の書』に書いたように、終わりの始まりはこの日本からであり、人間への審判が、死んだ人をうらやむような霊なる神の審判が、今地上に再臨したイエス・キリストの最後の審判が始まる。

私は霊なる神に許しを乞うて、決して言ってはならないと言われていることを、人々のために言っておく。人間のタイムリミットまであと二十年ある、と。人々のために働く私に、霊なる神が怒られることは決してない。むしろ、何年の何月何日に何が起こるなどと世間に公表し、それが当たらなかったとき、私が世間から一斉の非難を浴びることを心配し、警戒し、「決して書いてはならない」と言われるのであって、あくまでも霊なる神がその日そのときを延ばしたり短くされたりする。しかしわずかでも今自分がわかっていることを言っておく。全人類のタイムリミットまで二十年、と。

新たな霊なる神の伝言を、また私は書き始めた。終わりのときまでただ書き続けるしか、「神からの伝言」を伝え続けるしか、私に為すべきことはない。

おわり

著者プロフィール

山下 慶子（やましたけいこ）

1945年（昭和20年）、福岡県生まれ。

国立音楽大学器楽科（ピアノ）卒業。

著書に『預言の書』（2011年6月、文芸社刊）がある。

神への便り

2011年10月15日　初版第1刷発行

著　者　山下 慶子

発行者　瓜谷 綱延

発行所　株式会社文芸社

〒160-0022　東京都新宿区新宿1-10-1

電話　03-5369-3060（編集）

03-5369-2299（販売）

印刷所　神谷印刷株式会社

ISBN 978-4-286-10983-1